LA INICIATIVA TIMOTEO

Libro 8
Las Epístolas Generales del Nuevo Testamento

Este libro pertenece a:

____

"Lo que oíste de parte mía mediante muchos testigos, esto encarga a hombres fieles que sean idóneos para enseñar también a otros."

2 Timoteo 2:2

Información de Contacto de LIT:

admin@ttionline.org

Sitio de internet de LIT:

www.ttionline.org

Libro 8
Las Epístolas Generales del Nuevo Testamento
Esta edición fue publicada por La Iniciativa Timoteo

Para información:
La Iniciativa Timoteo
P.O. Box 98177
Raleigh, NC 27624

Agradecimientos

LIT da un agradecimiento especial al Grupo de Docente y al liderazgo de Glenn Lucke y Jared Wilson (Docente Editor Ejecutivo de este proyecto). La escritora docente, Susan Miller hizo una intensa labor en este libro y estamos muy agradecidos con ella por su buena y cuidadosa contribución. El Rev. Lou Mancari pasó horas y horas revisando este trabajo y nosotros le extendemos nuestro más profundo aprecio.

LIT también da las gracias al Dr. David Nelms, nuestro Fundador / Presidente por su visión y su influencia para tener este Nuevo Currículum por escrito. El Dr. Nelms ha vivido humildemente para verle a usted alcanzar un gran éxito en Jesucristo.

Expresamos nuestra gratitud por el extenso y buen trabajo editorial al Editor Ejecutivo y Director de LIT, el Dr. Greg Kappas y el Asistente Ejecutivo de Redacción y Director Internacional, Rev. Jared Nelms. Además, agradecemos a todo el equipo de la editorial de LIT del Dr. David Nelms, Rev. JesseNelms, Rev. Larry Starkey, Rev. Lou Mancari y al Dr. David Nichols. Cada uno de ustedes ha mostrado extraordinaria gracia para con nosotros y ahora con estos plantadores de iglesias.

LIT está muy agradecido con los ancianos, pastores, personal administrativo, líderes y familia de Grace Fellowship. LIT nació de esta "iglesia para todas las naciones". Gracias por su generosidad en el lanzamiento de esta red exponencial de movimientos de plantación de iglesias.

La Junta de Directores de LIT nos ha dado la libertad y el enfoque para sobresalir aún más. Estamos profundamente conmovidos por estos hombres y mujeres de Dios. Nuestra base de inversionistas de socios financieros de LIT y compañeros de oración se extienden en todo el mundo. Estos individuos, iglesias, ministerios, redes, empresas y organizaciones son fundamentales y estratégicos para nuestra salud colectiva y el impacto en el Reino. ¡Gracias!

Agradecemos a los Directores Continentales de LIT, Directores Regionales, Directores Nacionales y al Distrito / Centro de Formación de Líderes por su ministerio de amor y compromiso. Ustedes son los que forjan a las nuevas y actuales fronteras con el Evangelio. Ustedes son realmente nuestros héroes.

Finalmente, estamos eternamente agradecidos con usted, el plantador de iglesias. Usted está plantando un huerto, un centro de plantación de iglesias a través de su iglesia local que tocará a su región y el mundo con el Evangelio de Jesucristo. Tenemos el honor de servir al Señor Jesucristo y a usted.

Usted hará una diferencia para nuestro gran Dios respecto a cómo multiplicar iglesias saludables para su gloria. ¡Le amamos y creemos en usted!

Personal del equipo LIT

Septiembre, 2010

Este es el octavo de diez libros que ayudan a equipar a líderes de plantación de iglesias para iniciar iglesias que saturen una región y ayuden a llegar a cada hombre, mujer y niño con las Buenas Nuevas de nuestro Señor. Presentamos a continuación la lista de este currículum inicial.

Currículo de LIT

Número del libro/curso:

1. Descubriendo la Biblia

2. Comunicando la Biblia

3. Plantación de iglesias (Nuevo Testamento – Hechos, Evangelismo, Discipulado, Vida espiritual, Entrenamiento para entrenadores)

4. Antiguo Testamento 1

5. Antiguo Testamento 2

6. Evangelios del Nuevo Testamento

7. Las Epístolas Pastorales del Nuevo Testamento

8. **Las Epístolas Generales del Nuevo Testamento**

9. Principales doctrinas bíblicas

10. Apologética- Historia de la iglesia-Guerra espiritual

Tabla de Contenidos

Introducción

El gobierno romano cambió el mundo occidental. Las carreteras a través de todo el imperio hicieron que viajar sea más fácil que nunca. Culturas, filosofías y religiones se reunían en las ciudades a lo largo de estos caminos. El latín y el griego se convirtieron en lenguas comunes. Las personas libremente mezclaban partes de una religión con partes de otra. El pueblo judío fue uno de los muchos grupos étnicos que los romanos gobernaron. Este es el escenario donde nació Jesucristo. También donde se levantó la iglesia. Y donde escribieron los escritores del Nuevo Testamento.

El Nuevo Testamento contiene cuatro diferentes tipos de escrituras:

Los Evangelios: Mateo, Marcos, Lucas y Juan registran la vida de Cristo en sus evangelios. Los Evangelios no son biografías completas de Jesús. Más bien, cada autor (escritor del evangelio) tiene un tema diferente o propósito para escribir. Algunas veces las historias se repiten. A veces son similares pero no idénticas (El libro 5 trata en detalle de los Evangelios).

Hechos: Lucas escribió uno de los Evangelios, y luego continuó escribiendo el libro de Hechos. Este libro cuenta la historia de la iglesia primitiva y la propagación del Evangelio (El libro 3, abarca el libro de los Hechos y las lecciones que tiene para el crecimiento de la iglesia).

Cartas: La mayor parte del Nuevo Testamento son cartas escritas a grupos de cristianos específicos. Los escritores tuvieron situaciones específicas en mente. Como grupo, las cartas del apóstol Pablo son las cartas "Paulinas." Como segundo grupo, las cartas para otros líderes de la iglesia son las "cartas generales."

Visión: El libro de Apocalipsis es único en el Nuevo Testamento. Es un ejemplo de la literatura *apocalíptica*. Esta es una palabra griega que significa "revelación." La literatura apocalíptica surgió entre los judíos y los cristianos para revelar ciertos misterios sobre el cielo y la tierra, la humanidad y Dios, los ángeles y los demonios, el mundo de hoy y el mundo que viene. El Antiguo Testamento contiene varios ejemplos de la literatura apocalíptica entre los profetas, pero el Apocalipsis es el único libro del Nuevo Testamento de este tipo. El Apocalipsis usa visiones, símbolos e imágenes que describe las acciones de Dios en el final de los tiempos.

Este curso cubre la mayoría de las cartas del Nuevo Testamento, y la mezcla de visión y profecía en el libro de Apocalipsis.

Cartas Paulinas

El libro de los Hechos registra la muerte de Esteban, el primer mártir cristiano (*Hch. 7:60*). Después de la muerte de Esteban, la persecución se desató en Jerusalén (*Hch. 8:1*). Los cristianos dispersos en otras partes del Imperio Romano. Un joven llamado Saulo se dedicó a perseguir a los cristianos y llevarlos de vuelta a Jerusalén para una acción legal. Uno de los caminos de Roma salía del noroeste de Jerusalén a Damasco. Saulo estaba en este camino cuando tuvo una visión de Jesucristo (*Hch. 9*). Él creyó, cambió su nombre a Pablo y se convirtió en uno de los grandes líderes de la iglesia.

Dios llamó a Pablo para llevar las buenas nuevas de Jesucristo a los grupos de personas fuera de Jerusalén y más allá del pueblo judío. Pablo usó el sistema de caminos romano para sus viajes a ciudades alrededor del imperio. En los tres largos viajes misioneros, Pablo levantó muchas iglesias, y el Evangelio se extendió desde allí. Las cartas Paulinas son escritos de Pablo a las primeras iglesias cristianas. En la mayoría de los casos, tanto judíos como gentiles que creyeron en Jesús fueron parte de estas iglesias.

Podemos dividir las cartas de Pablo en tres tipos. En primer lugar, Pablo escribió cartas durante sus "viajes" misioneros. Esto incluye Gálatas, 1 y 2 Tesalonicenses, 1 y 2 Corintios y Romanos. El libro de los Hechos rastrea tres grandes viajes misioneros de Pablo. Esta información nos ayuda a entender el trasfondo de lo que Pablo estaba escribiendo y algunos eventos clave. Después del tercer viaje misionero de Pablo, él se convirtió en un prisionero romano a causa de su predicación del Evangelio. Él exigió sus derechos a un juicio como ciudadano romano (Ver *Hch. 25:1-11*) y pasó dos años como prisionero en Roma esperando el juicio. Durante este tiempo, él escribió las "cartas de prisión" de Efesios, Filipenses, Colosenses y Filemón. Tenemos indicios en las cartas de Pablo que tal vez él fue liberado de prisión y continuó su ministerio. En tercer lugar, Pablo escribió la "cartas pastorales" de 1 y 2 Timoteo y Tito. Él escribió las cartas a los pastores jóvenes para enseñar los principios de liderazgo en la iglesia (El libro 7 trata de esto). Lo más probable, es que Pablo estuvo una vez más en prisión a finales de su vida cuando él escribió las cartas pastorales. Poco después de escribir, fue ejecutado.

Cartas generales

Después de las cartas de Pablo en el Nuevo Testamento, leemos un grupo de cartas por varios autores. Cada escritor utiliza un estilo y vocabulario distinto de escritura. Pedro y Juan, los dos discípulos de Jesús, escribieron cartas a los cristianos en las iglesias para leer. Santiago y Judas eran medios hermanos de Jesús. Ellos originalmente no eran discípulos, pero se convirtieron en líderes respetados de la iglesia después de la muerte y resurrección de Jesús. El autor de Hebreos es desconocido. En algunos períodos de la historia de la iglesia, la tradición sugirió que Pablo escribiera el libro de Hebreos. Sin embargo, el estilo de escritura y los temas son muy diferentes a la de las cartas paulinas, por lo que es dudoso que Pablo escribiera esta carta. Nosotros simplemente no sabemos quién es el autor, pero los cristianos aceptaron muy pronto a Hebreos como Escritura.

Apocalipsis

Se identifica a Juan como el autor del Apocalipsis. Este es el mismo Juan que escribió el Evangelio de Juan y las cartas de 1, 2 y 3 Juan. Él fue un discípulo de Jesús. En sus últimos años, Juan estuvo preso a causa de su predicación. Él recibió las visiones del Apocalipsis mientras estaba en Patmos, una isla-prisión.

Fechas de las cartas

Los libros del Nuevo Testamento aparecen en un orden que se convierte en familiar para los cristianos. Sin embargo, este no es el orden en que los autores las escribieron. En la mayoría de los casos, los eruditos no pueden saber exactamente cuándo fue escrito cada libro. Ellos usan la información encontrada en el Nuevo Testamento y los acontecimientos históricos para decidir cuándo probablemente ocurrieron las escrituras. Este es el orden más probable en el que los escritores produjeron las cartas paulinas y generales, así como el Apocalipsis. Vea el cuadro a continuación:

El orden probable de las cartas del Nuevo Testamento:

Santiago escribe su carta	46 DC
El primer viaje misionero de Pablo	47-49 DC
Pablo escribe Gálatas	48 DC
El segundo viaje misionero de Pablo	50-53 DC
Pablo escribe 1 Tesalonicenses	51 DC
Pablo escribe 2 Tesalonicenses	51-52 DC
El tercer viaje misionero de Pablo	53-57 DC
Pablo escribe 1 Corintios	56 DC (Abril - Mayo)
Pablo escribe 2 Corintios	56 DC (Septiembre - Octubre)
Pablo le escribe Romanos	57 DC
Pablo es un prisionero en Roma	60-62 DC
Pablo escribe Colosenses, Efesios, Filipenses y Filemón	60-62 DC
Un autor desconocido escribe Hebreos antes de esta fecha	64 DC
Judas escribe su carta	60-64 DC
Pedro escribe su primera carta	62-64 DC
Pedro escribe su segunda carta	64-67 DC
Pablo y Pedro son ejecutados en Roma	67 DC
Juan escribe sus cartas	90 DC
Juan escribe Apocalipsis	95 DC
Juan muere	100 DC

Cómo utilizar este manual

Para obtener el máximo provecho de este curso, asegúrese de hacer estas cosas.

1. ***Estudie el manual acompañado de su Biblia.*** Usted encontrará comentarios sobre las frases seleccionadas en el manual, pero usted debe leer la frase en su contexto para entender completamente.

2. ***Esté atento a las palabras y conceptos claves.*** Al comienzo de cada nuevo capítulo, busque la casilla que le alerta de las palabras claves y conceptos en el libro del Nuevo Testamento. Entonces como usted estudia, busque las casillas que explican estas ideas con más detalle.

3. ***Busque referencias cruzadas.*** Después de un comentario en un verso, usted puede ver referencias de otras partes de la Biblia. Estas les guiarán a un estudio más profundo sobre cuestiones específicas.

4. ***Deténgase y reflexione.*** A lo largo del manual, encontrará secciones que le piden que reflexione sobre lo que lee. Otras secciones le piden que utilice sus propias palabras para explicar lo que está aprendiendo. Otras secciones le ayudan a organizar los temas principales.

Ante todo, deje que la Palabra de Dios le hable con poder. Este manual es una herramienta que le ayuda a aprender cómo entender la Palabra de Dios. Deje que Dios le hable y cambie su vida a través de lo que aprende.

Capítulo 1

Romanos

Las escrituras de Pablo en el Nuevo Testamento son cartas para las iglesias. Por lo general, Pablo escribió a las iglesias que él visitaba. Romanos es diferente. Pablo no fue a Roma antes de que escribiera esta carta. Quizás los creyentes de Jerusalén se trasladaron a Roma después del día de Pentecostés y fundaron la iglesia. Pablo planeaba visitar en el futuro y quería que los romanos estén listos para su llegada.

Romanos es la primera carta de Pablo en aparecer en el Nuevo Testamento, pero esta no fue la primera carta que escribió. Pablo probablemente escribió esta carta desde la ciudad de Corinto en el año 57 o 58 DC. Él la escribió durante su tercer viaje misionero. Durante este viaje, reunió el dinero de las iglesias para dar a los pobres de Jerusalén. Pablo planeaba llevar el dinero a Jerusalén. A partir de ahí, él se iría a Roma. También, tenía la esperanza de ir a España.

Pablo usó esta carta para dar una base a la doctrina cristiana de la salvación. La iglesia romana incluía tanto a judíos como gentiles. Pablo explica la relación entre los judíos y gentiles en el plan de Dios para la salvación. El libro de Romanos presenta las verdades espirituales en un sistema claro. La iglesia de Roma todavía no había recibido la enseñanza de un apóstol. Pablo quería establecerlos firmemente en la verdad. Él presentó sus temas en un orden lógico. En primer lugar Pablo explicó la necesidad de la salvación porque los seres humanos son pecadores. Luego explicó cómo Dios ofrece la salvación a través de Jesús. De ese modo Pablo explicó la vida nueva en Cristo. A lo largo del libro de Romanos, Pablo usó citas del Antiguo Testamento para demostrar que el mismo Dios que los Judíos conocían en el Antiguo Testamento ahora trajo la salvación para todas las personas.

Pablo conocía a mucha gente en la iglesia (Ver *Romanos 16*) Él se interesó profundamente por todos ellos. Además de una clara enseñanza, les dio la atención pastoral. Pablo se ocupó de los problemas entre los judíos y gentiles. Pablo enfatizó que ellos compartían la gran salvación que Dios les había dado a todos ellos. Debido a esto, ellos deberían vivir en unidad.

Qué esperar:

Palabras claves: Evangelio, rectitud, justificación, fe, salvación, ley, pecado, carne, Espíritu, gracia y llamado.

Comparaciones claves: La ley vs. la gracia, Adán vs. Cristo, la muerte vs. la vida, la fe y las obras, la vida en la carne vs. la vida en el Espíritu.

1. Saludos y oración (*1:1-17*)

    A. <u>Pablo se identifica a sí mismo</u> (*1:1-2*)
- Pablo es escogido para el Evangelio como un apóstol – *"Alguien que es enviado"*
- Él es un siervo dispuesto. Pablo usa el sentido hebreo de esta palabra que es *"alguien que sirve por amor."* (Ver *Ex. 21:5-6*).

    B. <u>Jesús es la figura central del Evangelio</u> (*1:3-5*)
- La resurrección probó que Jesús es el Hijo de Dios.

    C. <u>Los lectores son Santos, apartados para Dios</u> (*1:6-7*)

    D. <u>Pablo agradece a Dios por los Romanos</u> (*1:8-17*)
- Pablo a menudo empieza con agradecimiento a Dios por sus lectores. Da gracias a Dios que mucha gente sabe acerca de la fe de los Romanos (*1:8-10*). Qué gran testimonio para cualquier individuo o grupo cristiano tener una fe que es "famosa" - una fe que inspira a otros abrazar *la fe*.
- Pablo anhela visitar Roma y predicar el Evangelio allí (*1:11-15*).
- El tema de Pablo es las cinco partes de la salvación:
  - Evangelio de Cristo.
  - El poder de Dios.
  - En la salvación.

o   Para todo aquel que cree.
o   Por la fe.

Porque no me avergüenzo del evangelio; pues es poder de Dios para salvación a todo aquel que cree, al judío primero y también al griego. Porque en él la justicia de Dios se revela por fe y para fe, como está escrito: "Pero el justo vivirá por la fe" (1:16-17).

Palabra clave:

Evangelio: Pablo usa la palabra cuatro veces en la apertura de los romanos (*1:1, 8, 15, 17*). Él predica valientemente que las buenas nuevas de la obra de Dios en Cristo es para todos los que creen. La naturaleza misma de las buenas nuevas nos exige que la proclamemos.

Palabra clave:

Justicia: Esto es lo que Dios requiere, que nos pongamos en una relación correcta con Él. Dios es la fuente de la justicia. Pablo usa esta palabra 35 veces en Romanos (Ver *3:5, 5:17, 9:30*).

Palabra clave:

Fe: Incluso en el Antiguo Testamento, la justicia llegó por la creencia y la confianza, no por lo que hacemos (Ver *Hab. 2:4*). Pablo usa la palabra 37 veces en Romanos. Muy a menudo el utiliza esto cuando habla sobre la justicia (Ver *1:17, 4:9, 12:6*).

Palabra clave:

Salvación: Pablo usa esta palabra para referirse a la liberación del pecado y sus consecuencias. Dios nos libra del poder del pecado. Somos adoptados como hijos de Dios (Ver *1:6, 10:10, Jn. 1:12, Ef. 1:5*). Romanos trata de la plena salvación del creyente del poder del pecado. La salvación está en tres tiempos: pasado, presente y futuro. Necesitamos ser salvos de:

1. La influencia dominante del pecado. *Todos* somos injustos y nuestros corazones malvados necesitan de la regeneración (Ver *Ro. 3:10-18; Jer. 17:9-10; Ef. 2:1-5*).

2. La pena del pecado (infierno). A través de la redención *hemos sido salvados* (Ver *Ro. 6:23; Ap. 20:14-15, 21:8*).

3. El poder del pecado. A través de la santificación *estamos siendo salvos* y recibimos la nueva vida en Cristo (Ver *Ro. 6, 8:29, 2 Co. 5:17; Fil. 1:6*).

4. La presencia del pecado. A través de la glorificación *nos salvaremos* (Ver *Ro. 8:18-23; Jn. 3:1-3*).

2. Todas las personas son pecadoras (*1:18-3:20*)

A. <u>Los gentiles son pecadores</u> (*1:18-32*)

Pablo comienza su argumento indicando que incluso los paganos distinguen el bien del mal.

- Nadie tiene excusa para no honrar a Dios. Incluso aquellos que no han escuchado el Evangelio, enfrentan juicio (*1:18-20*).

  Porque lo invisible de Él –su eterno poder y deidad– se deja ver desde la creación del mundo, siendo entendidos en las cosa creadas; de modo que no tienen excusa (1:20).

- Ellos vieron la verdad de Dios en la naturaleza y la rechazaron e hicieron sus propios dioses en actitudes impropias (*1:21-23*).
  - o Ellos conocían a Dios pero lo ignoraron (*1:21*).
  - o Su actitud hacia ellos mismos los convirtió en necios (*1:22*).
  - o Su actitud hacia el mundo resultó en mal uso del cuerpo (*1:23*).
- Dios *"los entregó"* –permitió que el pecado siga su curso (*1:24-32*).
  - o Dios les permitió elegir y los seres humanos escogieron la mentira.
    - ■ Adoraban a los seres creados antes que al Creador (*1:24-25*). Dios nos hizo a su imagen, pero los seres humanos caídos buscan hacer un dios a su propia imagen. Cada idea o imagen de Dios que no coincide

con la Palabra de Dios es un ídolo. Cada vez que los seres humanos traen una falsa imagen de Dios, nuestra moral se hunde más abajo a medida que justificamos que nuestro pecado es aceptable al dios que hemos hecho. Este es el corazón de la idolatría y necedad.

- La inmoralidad en la conducta sexual (*1:26-27*).
- Una mente sin el conocimiento de Dios (*1:28-32*).

... A pesar de que ellos reconocen el justo juicio de Dios, que los que practican tales cosas son dignos de muerte, no sólo las hacen, sino que también se complacen en los que la practican (1:32).

B. <u>Los judíos son pecadores</u> (*2:1-3:8*)

Pablo responde las objeciones que los judíos podrían plantear. Ser judío no les exime del juicio.

- Los judíos conocen la ley de Dios y aun fallan (*2:1-4*).
  - o Al judío fariseo le gustaba señalar los pecados de los gentiles.
  - o Los judíos perdieron la perspectiva de la bondad de Dios.

¿O menosprecias las riquezas de su benignidad, paciencia y longanimidad, ignorando que su benignidad te guía al arrepentimiento? (2:4)

  - o Los judíos creían que no afrontarían el juicio, a causa de la bondad de Dios hacia ellos. Esto era un error.
  - o La bondad de Dios guía al arrepentimiento. Esto guía de nuevo a Dios. No es excusa para el pecado de los judíos.
- El juicio que viene es cierto (*2:5-11*).
  - o *"acumulando ira"* –El juicio vendrá en el fin de los tiempos.

El cual pagará a cada uno conforme a sus obras (2:6).

o Pablo muestra la diferencia entre la vida eterna y la ira eterna. Persistir en las buenas obras no gana la salvación. Por el contrario, ellas son una prueba de la fe verdadera (*2:7-8*). (Ver *Gá. 5:6; Stg. 1:14*).

o Todo el mundo enfrentará el juicio (*2:9-10*).

o Dios no muestra a los favoritos en el juicio. Los judíos no deberían esperar un trato especial cuando ellos pecan (*2:11*).

- Normas para el juicio (*2:11-16*).

Porque todos los que sin ley han pecado, sin ley también perecerán; y todos los que bajo la ley han pecado, por la ley serán juzgados (2:12).

o Esta "ley" es la ley de Moisés. Dios usó la ley para revelarse a su pueblo.

o Los judíos que conocen la ley deben obedecerla para ser justos.

o Dios no espera que los gentiles vivan de acuerdo con la ley de Moisés.

o Sin embargo, los gentiles todavía complacerán a Dios con algunas acciones. Ellos saben la diferencia entre el bien y el mal.

Los cristianos no viven bajo la ley de Moisés. ¿Por qué los cristianos deberían tratar de entender esto?

Palabra clave:

Ley: Dios establece la norma. La ley nos muestra nuestro pecado y hasta nos hace querer pecar más. Pablo usa "ley" 73 veces en Romanos. El significado más frecuente es la ley de Dios en los primeros cinco libros de la Biblia, todo el Antiguo Testamento o de la conciencia moral. En algunos lugares esto significa un "principio," como en 3:27 (Ver también *2:12, 4:13, 7:12, 10:4, 13:8*).

- Los judíos y el juicio (*2:17-28*).
  - o El corazón es más importante que la circuncisión física.
  - o Los judíos pretenden ser una luz para los demás porque ellos tienen la ley de Dios. Sin embargo, sus acciones demuestran que no siguen la ley que Dios les dio (*2:17-24*).
  - o Para un hombre, la circuncisión es la señal física de pertenecer a Dios. Sin la obediencia, la circuncisión no significa nada (*2:25-27*).

    ... Sino que es judío el que lo es en lo interior, y la circuncisión es la del corazón, en Espíritu, no en letra; la alabanza del cual no viene de los hombres, sino de Dios (2:29).

  - o Ser un judío es una condición interna del corazón, no una condición física. La verdadera señal de pertenencia a Dios es el poder del Espíritu Santo.
  - o Ver *Hch. 7:51-54*. Esteban dejó claro este punto. Él pagó con su vida. Las personas religiosas pueden enojarse con la verdad de que la salvación es solo por gracia de Dios.
- ¿El judío tiene una ventaja? (*3:1-8*).
  Pablo responde a la pregunta: "Si los judíos están condenados junto con los gentiles, ¿Qué ventaja tiene ser un judío?" (*3:1*).
  - o Dios confió Sus palabras a los judíos en el Antiguo Testamento (*3:2*).
  - o Aunque algunos judíos no tienen fe, Dios sigue siendo fiel (*3:3-4*). (Ver *Sal. 89:30-37*).
  - o Nuestra injusticia demuestra la justicia de Dios. Eso es bueno. Pero eso no quiere decir que no merecemos el juicio por nuestros pecados (*3:5-8*).
  - o Los judíos tiene las palabras de Dios, pero esto no los hace menos pecaminosos.

C. <u>Todos los seres humanos son pecadores y condenados</u> (*3:9-20*)

Pablo usa el Antiguo Testamento para mostrar que toda la raza humana es culpable delante de Dios.

- Citando las Escrituras judías da autoridad a sus argumentos.
  - o Nadie cumple los estándares de justicia de Dios que son rectos y sin pecados (*3:10-12*) (ver *Sal. 14:1-4; Sal. 53:1-4*).
  - o El pecado está en cada parte del ser humano (*3:13-14*).
  - o A excepción de Dios, los seres humanos son inclinados a la maldad (*3:15-17*).
  - o La gente sin Dios no tiene temor de Dios, que es la fuente de la santidad (*3:18*).
- Todo el mundo es culpable delante de Dios (*3:19-20*).

En sus propias palabras, resuman las razones que Pablo da del por qué cada uno será juzgado.

Pero sabemos que todo lo que la ley dice, lo dice a los que están bajo la ley, para que toda boca se cierre y todo el mundo quede bajo el juicio de Dios (3:19).

  - o Nadie será justo por guardar la ley (*3:20*).
  - o Dios no dio la ley para proveer justicia. La ley nos guía a ver nuestro pecado (*3:20*).

Palabra clave:
Pecado: Nos quedamos cortos ante las normas que Dios establece, erramos al blanco. El pecado trae la separación de Dios (Ver *3:9, 5:12, 7:12, 8:2, 14:23*).

3. Dios provee Justicia (*3:21-31*)

La justicia viene a través de la fe en Jesucristo, en lugar de guardar la ley. El Antiguo Testamento da evidencia de la justificación por la fe.

- Todo el mundo se queda corto ante la relación santa que Dios quiere, y la "justificación" viene a todos los que creen en Jesús por la gracia de Dios (*3:21-24*).
    - o "Justificado" es un término legal.
    - o Pablo usa la palabra griega para "justificado" 27 veces en sus cartas.
    - o Dios dice que la persona es "justa" por causa de Jesús.
    - o La justificación es el camino de Dios para llevar a los humanos a una relación con Él. Esto es cierto tanto para los judíos como para los gentiles.

Palabra clave:

Justificación: Esto significa que Dios declara a una persona "no culpable" a pesar de que merece ser "culpable." Es un término legal que significa "declarado justo" (Ver *4:25; 5:18*).

- El sacrificio de Jesús muestra la justicia de Dios (*3:25-26*).
    - o Dios es justo, y Él también puede declarar a los pecadores ser justos. Él actúa con misericordia hacia nosotros.

Como demostración de su justicia, Dios le ha puesto a él como expiación por la fe en su sangre, a causa del perdón de los pecados pasados, en la paciencia de Dios, 26 con el propósito de manifestar su justicia en el tiempo presente; para que él sea justo y a la vez justificador del que tiene fe en Jesús. (3:25-26).

- o Jesús satisfizo (cumplió a cabalidad) la justicia de Dios en Su muerte.
- o Dios perdonó el pecado en el Antiguo Testamento por medio de su plan al enviar a Jesús como un sacrificio.
- o El sacrificio de Jesús no quitó los pecados simbólicamente, como en los sacrificios del Antiguo Testamento (Ver *Lv. 26*). Se quitó los pecados de una vez y para siempre.

o Jesús tomó el juicio por el pecado que el hombre
  merecía. Aquellos que creen son justificados por causa
  de Jesús.

- La justificación viene por la fe aparte de la ley (*3:27-31*).
  o Pablo no quiere decir que deberíamos dejar de hacer
    buenas obras. Lo que quiere decir es que las obras no nos
    harán justos. Nadie puede jactarse de las buenas obras.
  o El nuevo principio de justicia es la fe, no la ley (*3:27*).
  o A pesar de que judíos tienen la ley, el mismo principio de
    la fe se aplica para los judíos y gentiles.
  o Hay un solo Dios, y Él justifica a todos de la misma
    manera–por la fe.

4. "Justificación" en el Antiguo Testamento (*4:1-25*)

Pablo responde a la pregunta: Si la justicia viene por la fe, ¿por
qué deberíamos guardar la ley?" Este capítulo muestra que Dios
nos declara "no culpables" por la gracia de Dios mediante la fe.
Abraham, el padre de la nación de Israel, es un ejemplo de la
justificación por la fe.

- No podemos ganar la justificación. Esta ha sido siempre la
  manera de Dios (*4:1-8*).
  *¿Qué dice la Escritura? "Abraham creyó a Dios, y le fue
  contado por justicia" (4:3).*
    o Pablo cita Génesis 15:6. Dios prometió a Abraham un
      hijo. Abraham confió en Dios para mantener Su promesa.
      Dios declaró a Abraham justo porque él creyó.
    o Abraham no obtuvo ningún crédito por ello. Dios dio
      crédito a Abraham debido a su fe (*4:3*).
    o La obediencia de Abraham fue el fruto de su fe. Él
      obedeció porque él creyó.

*Bienaventurados aquellos cuyas iniquidades son
perdonadas, Y cuyos pecados son cubiertos. Bienaventurado
el varón a quien el Señor no inculpa de pecado (4:7-8).*

- o Pablo cita a David (*Sal. 32:1-2*). Esta es una prueba más del Antiguo Testamento. La justificación por la fe siempre ha sido la manera de Dios.
- Abraham fue justificado antes de ser circuncidado. Por lo tanto la justificación no se basa en la circuncisión física (*3:9-12*).
  - o ¿Puede el incircunciso ser justo? Sí. El ejemplo de Abraham lo demuestra (*3:9-10*).
  - o La circuncisión era una señal de justicia de Abraham. No era la base de la justicia (*4:11*).
  - o Abraham es el padre de todos los que creen, ya sea circuncidado o no (*4:11*).
- Abraham fue justificado mucho antes de la ley de Moisés. Por lo tanto, la justificación no se basa en la ley (*3:13-17*).
  - o En Su promesa a Abraham, Dios le prometió la salvación para el mundo (*3:13*).
  - o Abraham fue salvado por el Cordero que fue inmolado desde la fundación del mundo (Ver *Ap. 13:8*). Antes de que Abraham viviera, Jesús dijo "Yo soy" (*Jn. 8:58*). Cuando Abraham quería hacer un sacrificio a Dios en lugar de sacrificar a su hijo Isaac, se encontró un carnero detrás de él (*Gn.* 22:13). No somos culpables gracias a la obra que Cristo hizo cuando volvemos la mirada en fe hacia la cruz.
  - o La promesa de Dios a Abraham no fue a través de la ley. La ley trae la ira de Dios, porque apunta a nuestro pecado (*3:13-14*).
  - o La promesas de Dios a Abraham se basó en la fe (*4:16*).
- Abraham fue justificado por su fe, no por sus obras (*3:18-25*).
  - o Dios prometió a Abraham un hijo en su vejez.
  - o Abraham y Sara estaban físicamente más allá de la esperanza de tener un hijo. Pablo dice que el cuerpo de Abraham era "ya muerto" (*4:19*).
  - o Sin embargo, Abraham creyó a Dios que cumpliría su promesa. Él estaba plenamente convencido del poder de Dios (*4:21*).

Pero no dudó de la promesa de Dios por falta de fe. Al contrario, fue fortalecido en su fe, dando gloria a Dios, plenamente convencido de que Dios, quien había prometido, era poderoso para hacerlo (4:20-21).

- o La verdadera fe de Abraham fue contada por justicia (Ver *Gn. 15:5-6*).
- o Abraham creyó a Dios que podía traer la vida de entre los muertos en su cuerpo. Dios justificó a Abraham a causa de esta fe. Dios nos justifica cuando creemos *"en el que resucitó de entre los muertos (4:24).*

Explique en sus propias palabras cómo Dios nos declara inocentes.

... Quien fue entregado por causa de nuestras transgresiones y resucitado para nuestra justificación (4:25).

- o La resurrección de Jesús demuestra que Su sacrificio por nosotros satisfizo la justicia de Dios.
- o Jesús hizo por nosotros lo que nosotros no podíamos hacer por nosotros mismos.

5. Las bendiciones de la justificación (*5:1-11*)

Somos bendecidos con una relación con Dios.
- • Tenemos paz con Dios (*5:1*).

Justificados, pues, por la fe, tenemos paz para con Dios por medio de nuestro Señor Jesucristo (5:1).

- o La justificación trae una nueva relación con Dios. Ya no somos más enemigos (Ver *Ef. 2,16; Col. 1:21-22*).
- • Nosotros tenemos acceso a Dios (*5:2*).

Palabra clave:

Gracia: Dios nos da Su favor cuando no lo merecemos. Pablo usa esta palabra 22 veces en Romanos (Ver *1:5; 5:2; 12:3*).

- o En el Antiguo Testamento, una cortina pesada en el templo separaba a la gente de Dios (Ver *Lv. 16:2*). Jesús quitó la cortina y nos lleva a la presencia de Dios.
- Tenemos esperanza (*5:2-5*).
  - o Gloriémonos en la esperanza de la gloria de Dios (*5:2*).
  - o La esperanza que hace que el sufrimiento tenga un significado (*5:3-4*).
  - o La esperanza que viene con el amor de Dios a través del Espíritu Santo (*5:5*).
- Tenemos la convicción de la gracia de Dios (*5:6-8*).
  - o Dios mostró su amor para con nosotros en la muerte de Cristo (*5:6-7*).
  - o Dios nos amó cuando no éramos dignos de amor (*5:8*).
- Tenemos la reconciliación gozosa con Dios (*5:9-11*).

Porque si, cuando éramos enemigos, fuimos reconciliados con Dios por la muerte de su Hijo, cuánto más, ya reconciliados, seremos salvos por su vida (5:10)

- o No estamos bajo el temor de la ira de Dios (*5:9*).
- o Tenemos la relación que Dios quiere tener con nosotros, ya no más enemigos, un cambio de actitud (*5:10*).
- o La vida de Jesús continúa trayéndonos la vida (*5:10-11*).

6. **El pecado vino a través de Adán. La salvación vino a través de Cristo (*5:12-21*)**

Pablo explica el pecado y la gracia con ilustraciones de Adán y Cristo.

- Toda la raza humana participa del pecado de Adán (*5:12-14*).

- o El pecado entró al mundo a través de Adán y trajo la muerte física como pena (*5:12*).
- o Todo el mundo comienza la vida con una naturaleza pecaminosa. El pecado estaba en el mundo aún antes de la ley de Moisés (*5,13-14*).
- El pecado y la muerte entró por un hombre, Adán. La gracia de Dios vino a través de un solo hombre, Jesús. A través de Cristo, Dios nos declara "no culpable" (*5:15-17*).

Porque si por la ofensa de uno reinó la muerte por aquel uno, cuanto más reinarán en vida los que reciben la abundancia de su gracia y la dádiva de la justicia mediante aquel uno, Jesucristo (5:17)

- o La obra de Cristo es más grande que el pecado de Adán porque esto trajo la gracia de Dios.
- o La condena vino a través de Adán. La gracia de Dios vino a través de Cristo.
- La falta de un hombre trajo juicio para todos los seres humanos. La obediencia de un hombre trajo la vida para todos los seres humanos (*5:18-19*).
- o Debido a que Adán era culpable, todos los humanos son culpables (*5:18*).
- o "muchos" –Esto no significa que todos serán salvos, pero la salvación está disponible para todos (*5:19*).
- o "Hechos justos" no es lo mismo que "declarado justos" (*4:3*). El Espíritu Santo continuamente trabaja para que los creyentes sean más justos porque Dios los declaró justos por Su gracia.
- La ley mostró el pecado como lo que es (*5:20-21*).

Para que así como el pecado reinó para muerte, así también la gracia reine por la justicia para vida eterna, por medio de Jesucristo nuestro Señor (5:21).

- o El pecado nunca es mayor que la gracia de Dios.
- o El pecado reinó para muerte. La gracia reina para la vida.

o   La ley es un paso intermedio. Ella nos muestra nuestro pecado. Nos muestra que necesitamos de Cristo.

Deténgase al final de Romanos 5. Lea el capítulo de nuevo. Pablo usa los ejemplos de lo que ocurrió a causa de Adán y Cristo. Haga dos columnas. Escriba un resumen de lo que Pablo enseña.

Adán	Cristo

7. **Los viejos caminos y la vida nueva (*6:1-8:39*)**

Pablo responde a las preguntas sobre el pecado y la gracia.

A. <u>Pregunta: Si el pecado muestra la gracia de Dios, ¿deberíamos pecar más?</u> (*6:1-14*)

- Pablo responde "¡No, por supuesto que no!" Él se sorprende por la sugerencia (*6:1-2*).
- Nosotros hemos muerto al pecado. Somos libres de la regla del pecado (*6:3-4*).

Pues, por el bautismo fuimos sepultados juntamente con él en la muerte, para que así como Cristo fue resucitado de entre los muertos por la gloria del Padre, así también nosotros andemos en novedad de vida (6:4).

o   El bautismo es una representación de la unión con Cristo (Ver *Col. 2:12*).

o   La nueva vida de pecado es sepultado. Dios nos eleva a una nueva vida.

- En Su muerte y resurrección, Cristo venció el pecado. Así como Cristo fue resucitado de entre los muertos, nosotros vivimos una nueva vida.
- Somos libres de vivir en obediencia (*6:5-10*).
  - El "*viejo hombre*" fue crucificado. El creyente ya no es la misma persona (*6:6*).
  - El "ego" que el pecado gobernó está muerto.
  - No estamos libres del pecado, pero somos libres del poder del pecado. Hemos sido declarados justos, por lo que el pecado ya no tiene dominio sobre nosotros (*6:7*).
  - Cristo murió por el pecado una vez y para siempre. Desde que los creyentes están unidos a Cristo, también están vivos juntamente con Cristo (*6:8-10*).
- Estamos vivos para Dios (*6:11-14*).

Y no solo esto, sino que nos gloriamos en Dios por medio de nuestro Señor Jesucristo, mediante quien hemos recibido ahora la reconciliación (5:11).

  - *"En Cristo"* –Esta es la primera vez en Romanos que Pablo utiliza una frase que aparece con frecuencia en sus cartas. El enfatiza la unión del creyente con Cristo. La unión con Cristo es una realidad.

No reine, pues, el pecado en vuestro cuerpo mortal, de modo que obedezcáis a sus malos deseos (6:12).

  - El impulso a pecar todavía está presente en nuestras vidas, pero el pecado no tiene derecho a estar en control. Los creyentes no tienen que obedecer a ese impulso (*6:12, 14*).
  - Creyentes deberían darse a sí mismos, incluyendo sus cuerpos, a Dios. Ellos no deberían darse al pecado (*6:13*).
  - La ley demandaba obediencia, pero no podíamos obedecer. La gracia da el poder para vivir como Dios quiere que vivamos (*6:14*).

B. <u>Pregunta: Si estamos bajo la gracia y no bajo la ley, ¿estamos libres para pecar?</u> (*6:15-7:6*)
- Pablo responde, "¡No, por supuesto que no!" Una vez más, él se sorprende por la sugerencia (*6:15*).
- Si usted se ofrece a sí mismo como un esclavo, debe obedecer (*6:16-18*).
  - Ser un esclavo del pecado conduce a la muerte. Ser un esclavo de la obediencia, lleva a la justicia.

  Y una vez libertados del pecado, habéis sido hechos siervos de la justicia (6:18).

  - Pablo habla de los romanos, quienes han obedecido a la enseñanza del Evangelio.
  - Los creyentes tienen un nuevo maestro, la justicia. Nosotros no ganamos la justificación por ser justo. Más bien, la justicia resulta de la declaración de Dios; que no somos culpables.
- Pablo da una ilustración humana de la esclavitud (*6:19-23*).
  - Ser un esclavo significa estar bajo el control de algo.

  Pero ahora, libres del pecado y hechos siervos de Dios, tenéis como recompensa la santificación, y al fin la vida eterna (6:22).

  - Un esclavo del pecado no es controlado por la justicia. Del mismo modo, un esclavo de la justicia no es controlado por el pecado (*6:20*).
  - Las dos condiciones no pueden existir juntas.
  - Ser un esclavo del pecado no tiene ningún beneficio. Esto sólo conduce a la muerte (*6:21*).
  - Ser un esclavo de la justicia guía a la santidad y a la vida eterna. Una nueva relación con Dios significa que el creyente no está condicionado a ser gobernado por el pecado (*6:22*).
- Pablo da un ejemplo del matrimonio (*7:1-6*).

o Una ley sólo rige cuando una persona está viva. Una mujer está casada solo si su marido está vivo. Si el marido muere, ella queda libre de esa ley. La muerte anula la relación (*7:1-3*).

o Los creyentes han muerto a la regla del pecado. Son liberados de su poder. La muerte al pecado cancela la relación con la ley (*7:4*).

Pero ahora, habiendo muerto a lo que nos tenía sujetos, hemos sido liberados de la ley, para que sirvamos en lo nuevo del Espíritu y no en lo antiguo de la letra (7:6).

o Los creyentes que son liberados de la regla del pecado ahora viven en el Espíritu. Sólo una persona que está espiritualmente viva puede dar fruto espiritual (*7:6*). (Ver *Gá. 5:22-23*).

C. <u>Pregunta: Si ambos, la ley y el pecado hacen esclavos, ¿la ley es pecado?</u> (*7:7-25*)
- Una vez más, Pablo responde, "¡No, por supuesto que no!"
- La ley guía a la conciencia (*7:7-13*).
  o La ley muestra el pecado y nuestra necesidad de Dios. La ley es buena, pero no puede hacernos buenos (*7:7*).
  o La ley también despierta el deseo de hacer lo que prohíbe. Pablo usa el ejemplo de la codicia (*7:8*).
  o Pablo estaba "*vivo para Dios*" antes de que él entendiera que era culpable bajo la ley. Sin embargo, él no estaba consciente del pecado hasta que surgió como un enemigo para matarlo (*7:9-11*).

Porque el pecado, tomando ocasión por el mandamiento, me engañó; y por él, me mató. De manera que la ley ciertamente es santa, y el mandamiento es santo, justo y bueno (7:11-12).

o La ley de Dios no tiene la culpa de cómo la naturaleza humana pecaminosa responde a la ley. La ley de Dios es buena (*7:12-13*).

- Pablo describe el principio de pecado dentro de nosotros (*7:13-25*).

    o Nosotros no siempre entendemos lo que hacemos, porque hacemos lo que odiamos. Incluso en el pecado, Dios nos revela la bondad de la ley (*7:14-17*).

    o En nuestra naturaleza pecaminosa no podemos hacer nada bueno. La naturaleza pecaminosa nos aleja de Dios (*7:18-20*).

    o El pecado da comienzo a la guerra dentro de nosotros, incluso cuando tratamos de agradar a Dios. Por un lado nosotros somos esclavos de Dios. Por otro lado nuestra naturaleza pecaminosa es esclava del pecado (*7:21-25*).

        - El pecado y la ley están en conflicto. La ley no es el problema. El pecado en nosotros es el problema (*7:21-23a*).

        - El conflicto lleva a perder la esperanza de ser bueno. El conflicto viene antes de la victoria espiritual (*7:23b-24*).

        - Nos mantenemos en la lucha contra el pecado, pero Dios da la victoria (*7:25*).

D. <u>Somos libres de la Condenación y estamos unidos con Cristo</u> (*8:1-39*)

Pablo describe el principio del Espíritu Santo dentro de nosotros.

- El Espíritu de Cristo nos da el poder para conquistar los deseos pecaminosos (*8:1-11*).

Ahora pues, ninguna condenación hay para los que están en Cristo Jesús, porque la ley del Espíritu de vida en Cristo Jesús me ha librado de la ley del pecado y la muerte (8:1-2).

    o Dios hizo lo que la ley no podía hacer. Él condenó al pecado e hizo lo que la ley requirió (*8:1-4*).

o Pablo contrasta la vida en la naturaleza pecaminosa y la vida en el Espíritu. No podemos luchar contra la naturaleza pecaminosa por nuestra cuenta, sino por el Espíritu de Cristo que lucha y gana (*8:5-10*).

o El mismo poder que levantó a Jesús de entre los muertos vive en nosotros (*8:11*).

Palabra clave:

Carne: Pablo al usar la palabra que se refiere al cuerpo físico, quiere comunicar el principio del pecado que actúa en los seres humanos, quienes viven sin el Espíritu de Dios. Pablo usa la palabra 25 veces en Romanos (Ver *7:18; 8:1; 8:3; 8:9*).

Palabra clave:

Espíritu: Pablo usa esta palabra 29 veces en Romanos. El capítulo 8 solo incluye 21 veces. Esto puede significar espíritu humano o el Espíritu Santo. Pablo usa la palabra para demostrar que el Espíritu de Dios está obrando en nosotros. Esta es la única manera de escapar el poder del pecado en nosotros (Ver *8:1; 8:4; 8:9-11*).

Haga una pausa aquí y lea Romanos 8:1-11 de nuevo. En dos columnas, escriba los contrastes que ve.

Carne	Espíritu

- El Espíritu de Cristo nos asegura de nuestra salvación (*8:12-17*).

Porque todos los que son guiados por el Espíritu de Dios, éstos son hijos de Dios. Pues no recibisteis el espíritu de esclavitud para estar otra vez en temor, sino que recibisteis el Espíritu de

adopción como hijos en el cual clamamos, "¡Abba, Padre!"
(8:14-15).

- o Tenemos el espíritu de adopción con una herencia eterna *(8:14)*.
- o Tenemos el testimonio del Espíritu de que verdaderamente somos hijos de Dios, y no esclavos del pecado *(8:15)*.
- o Tenemos el privilegio de la adopción *(8:14-17a)*.
  - *"guiados por el Espíritu de Dios"* – Dios nos guía *(8:14)*.
  - *"hijos de Dios"* – Dios es nuestro Padre *(8:15-16)*.
  - *"da testimonio"* – El espíritu de Dios nos asegura *(8:17)*.
  - *"si somos hijos, también somos herederos"* – Dios nos da una herencia en el cielo (Ver *1 P. 1:4*).
- El Espíritu de Cristo promete la gloria futura *(8:18-30)*.
  - o Toda la creación espera ver la gloria de Dios. Dios librará al mundo físico de la muerte y la decadencia *(8:18-20)*.
  - o Nosotros tenemos las *"primicias"* de esta gloria venidera. El Espíritu Santo es una promesa de que algún día tendremos nuestra herencia completa como hijos de Dios *(8:22-23)*.
  - o Nuestra *"esperanza"* es en el regreso de Cristo. Aunque no lo veamos ahora, aguardamos y esperamos ansiosamente. Estamos seguros de lo que Dios hará *(8:24-25)*.
  - o Dios obra en nosotros para hacernos semejantes a Cristo *(8:26-30)*.
    - No todo lo que sucede es bueno. Dios no ocasiona todo lo que sucede. Esta sección no significa que Dios hace todo en la manera en que pensamos que es bueno.
    - *"conoció de antemano," "predestinado," "llamado"* –Dios salva sólo por la obra del Espíritu Santo *(8:28-29)*.

- *"ayudan"* – Esta palabra significa que las partes suman más de lo que son separadamente.
- *"todas las cosas"* incluye lo bueno (Ver *Hch. 1:8; 2 Co. 12:9; Ef. 1:17, Col. 4:9; Fil. 3:19; He. 13:5*) y lo malo (*Stg. 1:2-3; Job 23:10; Sal. 119:67-75; Dt. 8:15-16; Hch. 2:21-24*). Todas las cosas están bajo control de Dios.
- *"conforme a su propósito"* – (Ver *Ef. 1:11.*).

¿Qué, pues, diremos frente a estas cosas? Si Dios es por nosotros ¿quién contra nosotros? (8:31).

- Aún enfrentamos enemigos, pero ningún enemigo puede vencer a Dios.
- El regalo de Dios de Su Hijo muestra Su generosidad para con nosotros. Cristo murió por nosotros. Él se sienta a la diestra de Dios en el poder. Él intercede por nosotros. Nada, ni siquiera la ley, puede condenarnos (*8:34*).
- Nada nos puede separar del amor de Dios (*8:35-39*).
  - Pablo enumera una amplia gama de posibles experiencias humanas, físicas y espirituales. Es imposible ir más allá del amor de Dios.

Palabras clave:
Llamado: Pablo se refiere a los creyentes como los "llamados" más que cualquier otro término (Ver *1 Co. 1:2; Gá. 5:14; Ef. 1:18, Col. 3:15, 1 Ti. 6:12; 2 Ti. 1:9*). Este es la llamada de Dios para la salvación para la cual los creyentes responden positivamente.

8. La Gracia Divina e Israel (*9:1-11:36*)

Pablo explica el problema del pasado y el presente de Israel. Estos capítulos tratan de la nación de Israel, no de los individuos.

A. <u>El pasado de Israel: Las elecciones, elegida por Dios</u> (*9:1-29*)
Pablo explica que Dios tiene el derecho para elegir y desechar como Él quiere.
- Dios escogió a Israel como su pueblo (*9:1-13*).

- o Ellos fueron adoptados como hijos. Ellos recibieron los pactos de Dios. Recibieron la ley. Ellos adoraban en el templo. Ellos recibieron las promesas de Dios (*9:1-5*).
- Dios es libre de elegir. Nadie puede decirle a Dios qué hacer. Él no escogió a Israel debido a las buenas obras. Esta manera en la que Dios actúa con su pueblo no es nueva (*9:6-13*).
  - o Dios eligió al hijo de Sara, no de Agar (*9:8-9*). Dios escogió a Isaac y no a Esaú (*9:10-13*).
  - o Dios eligió a Su pueblo antes de que ellos pudieran ameritar la elección. Ellos no hicieron nada para merecer Su elección.
  - o No es el amor u odio. Es simplemente una elección.
- Podríamos preguntar, "Si Dios hace lo que desea y no nos elige, ¿cómo puede Él culparnos?" (*9:14-29*).
  - o Dios actúa en línea con Su carácter de misericordia. Él es soberano. Él puede elegir lo que desee.

Por lo tanto, no depende del que quiere ni del que corre, sino de Dios quien tiene misericordia ... De manera que de quien quiere, tiene misericordia; pero a quien quiere, endurece (9:16, 18).

  - o Dios es libre de mostrar misericordia a quien Él escoge.
  - o La criatura no puede decirle al Creador qué hacer. Nosotros no podemos entender lo que Dios escoge, pero no podemos decirle a Él qué hacer (*9:20-21*).
  - o El énfasis está en la naturaleza de Dios para salvar y perdonar. Su propósito es mostrar misericordia. Pablo cita el Antiguo Testamento para probar sus puntos (Ver *Os. 1:10; 2:23; 10:23; Is. 1:9, 22-23; 13:19; 28:22*).

B. <u>El presente de Israel: Rechazo</u> (*9:30-10:21*)

Pablo explica que Dios rechazó a la nación de Israel por tratar de ser justos por sí mismos.

- Israel trató de ser justo por la ley. Los gentiles se convirtieron en justos por la fe (*9:30-33*).

- Israel trató de establecer sus propias justicias. A pesar que ellos tenían las palabras de Dios, ellos no entendían la justicia de Dios (*10:1-4*).
- La verdadera justicia está cerca de usted (*10:5-15*) (Ver *Dt. 30:14; Sal. 119:97-104*).
  - o Pablo contrasta dos clases de justicia: por el cumplimiento de la ley (imposible) o por la fe (*10:5-8*):

Que si confiesas con tu boca que Jesús es el Señor, y si crees en tu corazón que Dios le levantó de los muertos, serás salvo. Porque con el corazón se cree para justicia, y en la boca se hace confesión para salvación (10:9-10).

  - o *"Jesús es el Señor"* fue la primera confesión de fe.
  - o La salvación es tanto para judíos como gentiles–*"Porque todo aquel que invoque el nombre del Señor será salvo (10:13).* (Ver *Jl. 3:32*).
  - o Pablo responde a las preguntas naturales explicando que Dios envía a alguien para predicar, el mensaje se proclama, la gente escucha, y la gente cree el mensaje (*10:14-15*). (Ver *Is. 52:7; Nah. 1:15*).
- Pablo regresa a la condición de Israel (*10:16-21*).

Pero no todos obedecieron el evangelio, porque Isaías dice: Señor, ¿quién ha creído a nuestro mensaje? (10:16).

  - o La buena noticia estaba disponible para Israel, pero no todos creyeron (*10:16-18*). (Ver también *Is. 53:1*).
  - o Una vez más, Pablo utiliza pasajes del Antiguo Testamento para presentar su perspectiva *10:18-21*). (Ver *Sal. 19:4; Dt. 32:21; Is. 65:1-2*).

C. <u>El Futuro de Israel: La Salvación</u> (*11:1-36*)
¿Rechazó Dios a su pueblo? Pablo responde otra vez, "No, por supuesto que no."
- El rechazo de Dios de Israel no es total. Algunos Israelitas han aceptado la gracia de Dios (*11:1-10*).

- o Pablo mismo es un ejemplo de que algunos judíos creen (*11:1*).

- o *"He dejado para mí"* –Por la gracia, Dios ha salvado a un *"remanente"* de Israel (*11:2-6*). (Ver *1 R. 19:18*). Elías pensó que nadie más creía, pero estaba equivocado. El resto está "ciego" porque no creyeron.[1]

- o Pablo vuelve a utilizar pasajes del Antiguo Testamento para mostrar su argumento de que la indiferencia de Israel a Dios era una algo habitual (Ver *Is. 29:10; Dt. 29:3-4; Sal. 69:22-23*).

- El rechazo de Dios de Israel no es final. El rechazo trajo buena para los gentiles así como para judíos (*11:11-24*).

  - o Dado que Israel tropezó, la salvación vino a los gentiles (*11:11-12*). (Ver *Sal. 69:22-23*).

  - o *"Provocarlos a celos"* – La salvación para los gentiles despierta a los judíos (*11:11*).

  - o *"La riqueza del mundo"* – Si la desobediencia de Israel trajo la salvación, ¿cuánto más su aceptación de la justicia de Dios traerá la vida? Será como si Israel volviera de entre los muertos (*11:12-15*).

  - o Los gentiles no deberían gloriarse. Ellos han sido injertados en el árbol de la salvación de Dios. La salvación de los gentiles depende de la raíz del árbol – de como Dios se ha revelado a sí mismo a través de los judíos (*11:17-24*).

- Dios salva a judíos y a gentiles por la gracia (*11:25-32*).

  - o Aunque Israel está endurecido por un tiempo, un día Israel será salvo (*11:25-27*). (Ver *Is. 59:20-21*).

  - o Los judíos son "enemigos" porque ellos rechazaron el Evangelio, pero siguen siendo el pueblo de Dios (*11:28-30*).

  - o Dios todavía puede tener misericordia de los judíos, al igual que Él tuvo misericordia de los gentiles (*11:31-32*).

- Pablo alaba a Dios por el gran plan de salvación, incluso si no entendemos todo esto (*11:33-36*) (Ver *Is. 40:13; Jer. 23:18; Job 41:11*). Pablo alaba a Dios por Su Majestad porque Dios puede declarar a los seres humanos "no culpable" por la fe.

¡Oh la profundidad de las riquezas, y de la sabiduría y del conocimiento de Dios! ¡Cuán incomprensibles son sus juicios e inescrutables sus caminos! (11:33).

9. Viviendo una vida justa (*12:1-15:13*)

A. <u>El Sacrificio Transformado</u> (*12:1-8*)
Ser declarado "no culpable" por la gracia de Dios conduce a cambios en la vida diaria.

- Adoramos a Dios con nuestras vidas.

Así que, hermanos, os ruego por las misericordias de Dios que presentéis vuestros cuerpos en sacrificio vivo, santo y agradable a Dios, que es vuestro culto racional. No os conforméis a este mundo; más bien, transformaos por la renovación de vuestro entendimiento, de modo que comprobéis cuál sea la voluntad de Dios, buena, agradable y perfecta (12:1-2).

- o Los rasgos de un sacrificio:
    - *"vivo"* – usar nuestros cuerpos para servir activamente a Dios.
    - *"santo"* – apartar para el uso de Dios.
    - *"agradable"* – agradar a Dios.

Nombre tres formas específicas en que las personas pueden presentarse como sacrificios vivos a Dios.

1.

2.

3.

- Un nuevo modelo de vida no comienza con el orgullo, sino con usar los dones que Dios da (*12:3-5*).

o Pablo usa la ilustración de cómo el cuerpo humano funciona como un cuerpo (*12:3-5*).

o El Espíritu da dones especiales de gracia. Su propósito no es llamar la atención hacia las personas, sino satisfacer las necesidades de los demás (Ver también *1 Co. 12* y *Ef. 4*).

Así nosotros, siendo muchos, somos un solo cuerpo en Cristo, pero todos somos miembros los unos de los otros. De manera que tenemos dones que varían según la gracia que se nos ha sido concedida... (12:5-6).

B. <u>Relaciones Transformadas</u> (*12:9-21*)

El cambio que Dios hace en nosotros es real. Lo demostramos en nuestras relaciones.

- El amor lleva a la acción (*12:9-10*).
- Sirva con entusiasmo (*12:11-12*).

... No siendo perezosos en lo que requiere diligencia; siendo ardientes en espíritu, sirviendo al Señor; gozosos en la esperanza, pacientes en la tribulación, constantes en la oración (12:11-12).

- Practique la hospitalidad. Abra su corazón a los demás (*12:13*).
- Busque la armonía en las relaciones (*12:14-16*).
- Permanezca firme frente a un mundo que no ama a Dios (*12:17-21*).
  o No tome venganza. Deje eso a Dios (*12:19*).
  o Viva el poder del bien (*12:19-20*).
    - *"Amontonar carbones"* hacer el bien al enemigo de uno puede llevar a su arrepentimiento (Ver también *Dt. 32:35; Pr. 25:21-22*).

No seas vencido por el mal, sino vence el mal con el bien (12:21).

C. <u>La justicia, el amor y el deber</u> (*13:1-14*)

La sumisión a los demás – y a la autoridad – muestra la sumisión a Dios.

- Pablo aplica la enseñanza sobre el bien y el mal a las autoridades seculares (*13:1-7*).
  - Dios establece las autoridades civiles. Cuando Pablo escribió, Nerón, un malvado emperador, estaba en el poder. Pablo aún insiste en que los creyentes se sometan a la autoridad porque Dios los establece bajo su autoridad (*13:1*).
    - *"sométase"* posicionarse bajo la autoridad de otra persona (*13:1*).
  - Las autoridades civiles y los ciudadanos son responsables ante Dios (*13:2*).
  - Dios usa a los gobiernos para cumplir Sus propósitos (*13:3-4*). No todos los gobiernos son buenos. Sin embargo, los cristianos deben seguir las leyes como un servicio a Dios.
  - Agustín, uno de los primeros cristianos, dijo "El gobierno no es necesariamente malo, pero se hace necesario debido al mal.
    - *Gn. 3:24* es la primera mención de una espada en la Biblia. Esto se produjo después que el pecado entró en el mundo. Dios gobernó por la fuerza
    - Ver *Gn. 9:5-6*. Esta es la primera mención de humanos gobernando a otros humanos por la fuerza.
  - La obediencia es una cuestión de conciencia, así como la ley (*13:5*).[2]
- El amor es la forma social superior para relacionarse (*13:8-14*).
  - El amor hace la ley completa. Es la única deuda que no podemos pagar completamente (*13:8-10*). Amar a otra persona es cumplir con la ley.
  - Pablo exhorta a amar, porque el día final está viniendo pronto (*13:11-14*).
    - *"sueño"*–una imagen de estar inactivo (Ver *Ef. 5:14; 1 P. 5:8*).

- *"salvación"*–el regreso de Cristo (Ver *Ro. 8:23; He. 9:28; 1 P. 1:5*).

Más bien, vestíos del Señor Jesucristo, y no hagáis provisión para satisfacer los malos deseos de la carne (13:14).

D. <u>En relación con otros creyentes</u> (*14:1-15:13*)
Pablo habla de cuestiones de conciencia.

- Absténgase de juzgar el uno al otro. Dios será el juez (*14:1-13*).
  - o Tal vez algunos cristianos judíos no querían renunciar al régimen de leyes y otras restricciones.
  - o Nosotros vivimos para agradar al Señor. Cada persona debería vivir de acuerdo a su conciencia. Cada persona tendrá que dar cuentas en el Día del Juicio Final (*14:12*). (Ver también *2 Co. 5:10; 1 Co. 3:10-15*).
- Evite ofender a los otros. Actúe con amor (*14:14-23*).

Pues si por causa de la comida tu hermano es contristado, ya no andas conforme al amor. No arruines por tu comida a aquel por quien Cristo murió (14:15).

  - o Cada creyente tiene convicciones, incluso Pablo. Sin embargo, en las relaciones es más importante la consideración por los demás (Ver también *1 Co. 8*).
  - o Dios llama a los creyentes a edificarse el uno al otro, no a destruirse (*14:19-20*).
- Permanezca en la unidad, ya sea fuerte o débil. Cristo es nuestro ejemplo (*15:1-13*).

Y el Dios de la perseverancia y de la exhortación os conceda que tengáis el mismo sentir los unos por los otros, según Cristo Jesús; para que unánimes y a una sola voz glorifiquéis al Dios y Padre de nuestro Señor Jesucristo (15:5-6).

- o Siga el ejemplo de Cristo. Piense en los demás. Acepte a los demás. Sirva a los demás (*15:3, 7, 8*).
- o Pablo concluye con una oración; que los romanos sean llenos de esperanza a través del poder del Espíritu (*15:13*).

¿Cómo conecta Pablo su enseñanza sobre la salvación con la manera en que viven los cristianos? Escriba sus pensamientos.

10. Los planes personales de Pablo y saludos (*15:14-16:27*)

Pablo concluye su carta con asuntos personales.

A. <u>Pablo repasa su trabajo</u> (*15:14-33*)
- El ministerio pasado de Pablo como ministro a los gentiles (*15:14-16*).
- El ministerio actual de Pablo para predicar donde Cristo no es conocido (*15:17-21*).
- Los planes futuros de Pablo para el ministerio incluyen la visita a Roma y España (*15:22-33*).
  - o Pablo planea ir a Jerusalén para entregar una colecta de dinero para los pobres.
  - o Luego, planea viajar a España. Él se detendrá en Roma en el camino.

B. <u>Pablo envía Saludos, Advertencias y Bendiciones</u> (*16:1-27*)
- Febe, quien tuvo una posición oficial en la iglesia, probablemente llevó la carta de Pablo a Roma (*16:1-2*).
- Pablo saluda a muchas personas que él conoce en la iglesia romana. Usted puede aquí sentir y percibir el cuidado de su relación con ellos (*16:3*-16).
- Pablo advierte sobre divisiones en la iglesia (*16:17-19*).
- Pablo transmite el saludo de los demás que están con él (*16:20-24*).

- Pablo da la bendición final para resumir su mensaje (*16:25-27*).

Y al que puede haceros firmes -según mi evangelio y la predicación de Jesucristo; y según la revelación del misterio que se ha mantenido oculto desde tiempos eternos, pero que ha sido manifestado ahora; y que por medio de las Escrituras proféticas y según el mandamiento del Dios eterno se ha dado a conocer a todas las naciones para la obediencia de la fe-, al único sabio Dios, sea la gloria mediante Jesucristo, para siempre. Amén (16:25-27).

Sugerencias para la predicación de Romanos

- Explore los conceptos clave para la enseñanza básica en la doctrina cristiana: gracia y la ley, carne y espíritu, fe y obras, la obra de Cristo y la redención y la obra de santificación del Espíritu.

- Explore los temas de las experiencias de los creyentes en la vida cotidiana: las luchas con el pecado, estar seguro de la salvación por gracia mediante la fe, el crecimiento espiritual de los dones de Dios, el cuidado de Dios y de la soberanía y la vida de servicio.

Capítulo 2

1 Corintios

La ciudad de Corinto estaba situada en una franja estrecha de la tierra entre el Mar Egeo y el Mar Adriático. Viajar por todo el extremo sur de Grecia era peligroso. En lugar de navegar alrededor, muchos capitanes de buques arrastraban sus barcos en rodillos a través de la estrecha franja de tierra. Debido a esto, la gente de Corinto conoció a los viajeros procedentes de otras culturas. Filosofías y religiones se mezclaron libremente. El culto de Afrodita promovió la prostitución en nombre de la religión. La ciudad se hizo famosa por la inmoralidad.

Pablo primero llegó a Corinto en su segundo viaje misionero. Él trabajó como fabricante de tiendas de campaña con Aquila y Priscila. En los días de culto judío, él predicó en la sinagoga. Silas y Timoteo habían viajado con Pablo antes. Luego ellos se unieron a él en Corinto, alrededor del año 52 DC. Pablo se quedó en Corinto por un año y medio. *Hechos 18:1-18* narra la historia de la obra de Pablo en Corinto. Después de salir de Corinto, Pablo escribió cartas a la iglesia, y ellos le escribieron a él.

Pablo escribió el libro de 1 Corintios durante su tercer viaje misionero alrededor de abril-mayo del año 56 DC. Probablemente él había escrito una carta anterior (Ver *1 Co. 5:9*). Esta carta es una respuesta a dos cartas que los miembros de la iglesia escribieron a Pablo. Su primera carta fue un informe sobre las divisiones y la inmoralidad en la iglesia. Su segunda carta fue una serie de preguntas. Pablo escribió 1 Corintios para responder a las dos cartas. Él estaba en Éfeso en ese tiempo.

Qué esperar:
Palabras claves: sabiduría, idolatría, dones, resurrección.

Sugerencia: Abra su Biblia en 1 Corintios para que pueda seguir las lecturas.

1. Conflictos en la Iglesia (*1:1-6:20*)

Pablo responde a los informes que había oído acerca de la iglesia en Corinto.

A. <u>Introducción</u> (*1:1-9*)
- Pablo inicia, como siempre, con agradecimientos a Dios por sus lectores (*1:1-6*).
- Él ofrece una garantía a la iglesia, a pesar de sus problemas (*1:7-9*).

B. <u>Divisiones en la Iglesia</u> (*1:10-4:21*)
- En la iglesia de Corinto había grupos que no estaban de acuerdo unos con otros (*1:10-17*).
  - Pablo recibió un informe acerca de las divisiones en la iglesia (*1:11*).
  - Las personas decían seguir a Pablo, Apolo, Cefas (Pedro) y Cristo, como si no predicaran el mismo evangelio todos ellos (*1:12*).
  - Pablo señala que el bautismo es la señal de la unión con Cristo solamente. Esta es la base de la unión con los demás (*1:13-17*).
- ¿Por qué estaban los creyentes divididos en Corinto? (*1:18-4:5*).
  - Ellos no entendieron el mensaje del Evangelio (*1:18-31*).

Porque los judíos piden señales, y los griegos buscan sabiduría; pero nosotros predicamos a Cristo crucificado: para los judíos tropezadero y para los gentiles locura. Pero para los llamados, tantos judíos como griegos, Cristo es el poder de Dios y la sabiduría de Dios. (1:22-24)

¿Por qué la frase *"para aquellos que son llamados"* es importante? ¿Cómo señala esto la diferencia entre el primer grupo de judíos y griegos, y el segundo grupo de judíos y griegos? Discuta.
- Enfóquese en Cristo, y no los líderes humanos
- La sabiduría de Dios no es lo mismo que la sabiduría humana.

- *Santiago 3:13-18* muestra la diferencia entre la sabiduría celestial (que da paz) y la sabiduría terrenal (que causa el conflicto).
  - *El que se gloría, gloríese en el Señor.* Dios hace la obra de la salvación en la cruz de Cristo *(1:31).*
    - Dios nos pone en Cristo.
    - Dios nos da Su sabiduría.
    - Dios nos declara "no culpable" y nos salva de la pena del pecado. Este es el tiempo pasado.
    - Dios obra en nosotros para hacernos santos y salvarnos del poder del pecado. Este es el tiempo presente.
    - Dios paga el precio de la redención y nos salva de la presencia del pecado. Este es el tiempo futuro.

Palabra clave

Sabiduría de Dios: Nosotros no conocemos a Dios a través del pensamiento humano. Cristo nos revela a Dios. No podemos estar orgullosos de nuestra propia manera de pensar. Proverbios nos habla de tres tipos de personas y su conocimiento de Dios. Una persona sabia o prudente conoce los mandamientos de Dios y trata de aplicarlos en su vida *(Pr.1:20-33).* A una persona simple carece de conocimiento y entendimiento de los mandamientos de Dios. Esta persona no puede obedecer a la Palabra de Dios *(Pr. 22:3; 27:12).* Una persona insensata conoce los mandamientos de Dios y decide actuar en contra de ellos *(Pr. 1:7; 26:16).*

  - Los creyentes en Corinto no entendieron que el ministerio viene a través del poder del Espíritu. La fe viene porque el Espíritu Santo obra, no por la predicación humana *(2:1-3:23).*
    - Dios revela Su plan sabio para la salvación por el Espíritu Santo *(2:1-16).*
    - La sabiduría verdadera no proviene de fuentes humanas *(ver Colosenses 2:7-10).* El pecado nos ciega (Ver *Jn. 3:19*) y Satanás nos ciega *(2 Co. 4:3-7).*

- La sabiduría verdadera viene del Espíritu de Dios. Esto incluye la "revelación" (la verdad que Dios eligió para revelar a los seres humanos) y la "inspiración" (la manera en que Dios elige para revelar la verdad (Ver *2 Ti. 3:16; 2 P. 1:21*).
    - El verdadero ministerio se debe a que Dios está en la obra, no los humanos (*3:7, 11*). El Espíritu trae el entendimiento de la verdad (Ver *Gá. 6:14*).
    - Es posible que pensemos que tenemos sabiduría, pero esto es nada sin el Espíritu de Dios en la obra (*3:18*). (Ver *Pr. 3:7*).
  - Ellos no entendían que los ministros humanos son siervos de Cristo, la gente carece de importancia en sí misma (*4:1-21*).
    - Algunos estaban orgullosos de ser ricos e importantes en el ministerio (*4:8*). (Ver *Ap. 3:17*).
    - Los verdaderos siervos de Cristo aguantan las dificultades con humildad. Pablo comparte su propio ejemplo (*4:9-13*). (Ver *Hch.18:2; Hch. 20:34*).

¿Qué conflictos o divisiones enfrenta ahora su nueva iglesia?

¿De qué manera le guía este pasaje a usted y los demás cristianos que sufren conflictos?

C. <u>Ignorar el pecado trajo problemas en la Iglesia</u> (*5:1-6:20*)
  - La iglesia toleró el incesto (*5:1-13*).

- o *"reunidos todos... con el poder de nuestro Señor Jesucristo"* – la disciplina se basa en la autoridad de Jesús, no en la opinión humana (*5:4*).
  - o *"que su espíritu sea salvo"* – El propósito de la disciplina es ayudar al hombre para que se arrepienta (*5:5*). (Ver *1 Ti. 1:20*).
  - o Ignorar el pecado podría afectar a toda la iglesia (*5:11*).
  - o *¿No juzgáis vosotros a los que están dentro?* – Pablo está hablando de disciplinar el pecado en la iglesia. Dios juzga a los de afuera de la iglesia (*5:12*).
- Los miembros de la Iglesia no resolvieron sus propios argumentos (*6:1-11*).
  - o *¿O no sabéis...?* Pablo hace esta pregunta seis veces en este capítulo. Los Corintios ya deberían saber las verdades que Pablo está enseñando (*6:2; 6:3; 6:9; 6:15; 6:16*). No saber lo que la Palabra de Dios enseña daña a la iglesia. También daña a los cristianos individuales.

  Sin lugar a duda, ya es fracaso total para vosotros el que tengáis pleitos entre vosotros. ¿Por qué no sufrir más bien la injusticia? ¿Por qué no ser más bien defraudados? Sin embargo, vosotros hacéis injusticia y defraudáis, ¡y esto a los hermanos! (6:7-8).

  - o Pablo le recuerda a sus lectores que Dios hace a los creyentes santos, sea cual sea su pecado, por lo que ellos deberían abandonar sus argumentos pecaminosos (*6:9-11*).
- Los miembros de la Iglesia utilizaban la libertad cristiana para justificar su propia inmoralidad sexual (*6:12-20*).
  - o La persona en su totalidad, incluyendo el cuerpo, está unido a Cristo (*6:13-14*).
  - o *"fuera del cuerpo"* – Los Corintios aceptaron el pecado al hacer una separación entre el cuerpo y el espíritu. Pablo dice que es todo lo contrario. El cuerpo es un *"templo del Espíritu Santo."* (*6:18-19*).

2. Preguntas en la iglesia (*7:1-14:40*)

Pablo responde a las preguntas que recibió de los miembros de la iglesia.

A. <u>Preguntas sobre el matrimonio</u> (*7:1-40*)
- Pregunta: ¿Es mejor casarse o permanecer soltero?
    - Si la inmoralidad es una tentación, es mejor casarse. Además, los maridos y las esposas no deberían negarse el uno al otro (*7:2-5*).
    - Pablo tiene una opinión personal, pero no es un mandato de Dios (*7:6-9*).
- Pregunta: ¿Qué sobre el divorcio?
    - *"Una esposa no debe separarse"* – un esposo y una esposa creyente no deberían separarse de sí. Este es un mandato del Señor, no Pablo (*7:10-11*).
    - Pablo escribe acerca de un matrimonio entre un no creyente con un creyente, pero no lo hace como un mandato del Señor. Los creyentes deberían permanecer casados a menos que el cónyuge que no cree decidiera irse (*7:12-16*).
    - Los creyentes cuando vienen a la fe, deberían ser fieles a Cristo, ya sean casados o no (*7:17-24*).

Cada uno permanezca en la condición en que fue llamado (7:20)... Hermanos, que cada uno se quede para con Dios en la condición en que fue llamado (7:24).

- Pregunta: ¿Puede el matrimonio y el ministerio trabajar juntos?
    - Pablo de nuevo da su propia opinión, no un mandato del Señor (*7:25*).
    - Pablo vio tiempos difíciles por delante. Sería más fácil no estar casado (*7:26-28*).
    - Las personas casadas deberían permanecer dedicadas a la obra de Dios. No deje que el matrimonio haga la vida presente más importante que el servicio a Dios (*7:29-39*). (*Ver 2 Corintios 6:11-18;* El equilibrio del matrimonio y

el ministerio es una razón por la cual Pablo nos advierte estar en contra del yugo desigual con los incrédulos).

- Pregunta: ¿Cuánto dura el voto matrimonial?
  - o *"Mientras viva su esposo"* – La muerte de un cónyuge libera a la otra persona para casarse de nuevo. El nuevo cónyuge debe ser un creyente (*7:39*).
  - o *"Yo también tengo el Espíritu de Dios"* – Incluso en su propia opinión, Pablo cree que Dios guía lo que él escribe (*7:40*).

B. <u>Preguntas acerca de la adoración</u> (*8:1-11:1*).

- Pregunta: ¿Pueden los creyentes comer carne que fue sacrificada a los ídolos?
  - o Algunas carnes sobrantes del sacrificio pagano fueron vendidas en el mercado. Algunos cristianos sentían que era malo comer esta carne.
  - o *"Un ídolo no es nada"* – Un ídolo no tiene poder, por lo que la carne es simplemente carne (*8:4, 8*). (Ver *Is. 41:24; Dt. 4:35, 39*).
  - o Sin embargo, no utilice esta libertad para ofender la conciencia de otro creyente (*8:9-13*).

Pero mirad que esta vuestra libertad no sea tropezadero para los débiles... Por lo cual, si la comida es para mi hermano ocasión de caer, yo jamás comeré carne, para no poner tropiezo a mi hermano (8:9, 13).

- Pregunta: ¿Es Pablo realmente un apóstol?
  - o Algunos en Corinto cuestionaban la autoridad de Pablo. Él defiende su apostolado. Él vio a Jesús en el camino a Damasco (*Hch. 9*) y la iglesia en Corinto era el resultado del trabajo de Pablo (*9:1-2*).
  - o *"Pero nosotros no hemos usado este derecho"* – Pablo tenía derecho a muchas cosas que él no exigió. Él uso su ministerio de Cristo por encima de sus deseos personales (*9:3-23*).

A pesar de ser libre de todos, me hice siervo de todos para ganar a más… Y todo lo hago por causa del evangelio, para hacerme copartícipe de él (9:19, 23).

- o *"lleva el premio"* – una recompensa por la perseverancia, no para ganar la salvación *(9:24-27)*. (Ver *Fil. 1:29; 2 Ti. 2:12.*).
- Pregunta: ¿Son peligrosos los sacrificios paganos?
  - o Pablo usa la historia de Israel como una advertencia sobre el uso de la libertad en una manera equivocada.
  - o Dios disciplinó a los israelitas cuando participaban en la idolatría y la inmoralidad. Este es un recordatorio para no tentar al Señor. La libertad cristiana no es excusa para el pecado *(10:1-11)*.
  - o *"los fines de los siglos ha llegado"* –los planes de Dios están llegando a su cumplimiento.
  - o Con ayuda de Dios, podemos mantenernos firmes cuando somos tentados a pecar *(10:12-13)*.

No os ha sobrevenido ninguna tentación que no sea humana, pero Dios es fiel, que no os dejará ser tentados más de lo que podáis soportar, sino que juntamente con la tentación dará la salida, para que la podáis resistir. Por tanto, amados míos, huid de la idolatría (10:13-14).

- o Los ídolos estaban por todas partes en la cultura griega. Si los cristianos participan en el culto pagano, violaban su unión con Cristo *(10:14-11:1)*.
  - Fiestas en honor a ídolos y la Cena del Señor no pueden ir juntas *(10:14-22)*.
  - *"Todas las cosas son lícitas"* – la base de la libertad cristiana. Sin embargo, no debemos usar la libertad para hacer que alguien vaya contra su conciencia *(10:23 11:1)*.

Palabra clave

Idolatría: la adoración de algo que el hombre ha hecho, en lugar de Dios, quien creó todas las cosas. Además, cualquier cosa que está puesto en el lugar de Dios, es idolatría. Aunque los ídolos no son dioses verdaderos, la idolatría es peligrosa. Si bien Pablo dice que comer carne sacrificada a los ídolos no es pecado, adorar ídolos sí lo es.

C. <u>El culto cristiano</u> (*11:2-34*)

- Muestre respeto en el culto público (*11:2-16*).
  - o *"Cabeza"* – Cristo tiene autoridad sobre todos los hombres, y un esposo tiene autoridad sobre su esposa. Cristo no es inferior a Dios, y las mujeres no son inferiores a los hombres (*11:3*). (Ver *Ef. 1:22; 4:15; 5:23*).
  - o Las mujeres y los hombres oraron y profetizaron (*11:4-5*). La preocupación de Pablo era que la adoración honre a Dios la adoración. En la cultura del primer siglo, era una deshonra para la cabeza de una mujer estar descubierta en público.[1]
  - o *"Acaso no os enseña la naturaleza misma"* – Paul considera que es natural para los hombres y las mujeres ser diferentes. Sin embargo, los hombres y las mujeres no son independientes unos de los otros (*11:11-15*). (Ver *Gá. 3:28*).

No obstante, en el Señor ni el hombre existe aparte de la mujer, ni la mujer existe aparte del hombre (11:11).

  - o Todas las iglesias observaron la costumbre de cubrir la cabeza. Corinto también debería seguir esta práctica (*11:16*).
- La Cena del Señor (*11:17-24*).
  - o *"Divisiones"* – puede referirse a los miembros de la iglesia de las diferentes clases de la sociedad. Los miembros de la Iglesia no se reunían como iguales. Sin embargo, las divisiones mostraron quien estaba siendo fiel (*11:17-19*).[2]

o Los primeros cristianos compartieron una fiesta de *"amor"* con la Cena del Señor (Ver *2 P. 2:13; Judas 12*). Sin embargo, algunos miembros de la iglesia lo convirtieron en un tiempo de egoísmo (*11:20-22*).

o Pablo recuerda a los corintios cómo empezó la Cena del Señor. Él les pide que examinen sus prácticas (*11:23-33*).

Por lo tanto, quien coma el pan o beba la copa del Señor indignamente, será reo del Cuerpo y la Sangre del Señor (11:27).

D. <u>Dones Espirituales</u> (*12:1.14:40*).

- El Espíritu da dones espirituales (*12:1-11*).
  - o Pablo responde otra pregunta que los corintios hicieron. Él no quiere que ellos sean ignorantes, como los no creyentes (*12:1-3*).

Pero a cada cual le es dada la manifestación del Espíritu para provecho mutuo... Pero todas esta cosa las realiza el único y el mismo Espíritu, repartiendo a cada uno en particular como él designa (12:7-11).

  - o *"Cada uno"*. . Cada creyente recibe dones (*12:4*).
  - o *"Para el beneficio de todos"* – Un mismo Espíritu Santo da dones a los creyentes. Los dones son diferentes, pero todos los dones son para edificar a la iglesia, no de individuos (*12:4-11*).
    - *"Palabra de sabiduría"* – capacidad de expresar el mensaje del Evangelio con entendimiento de la verdad de Dios.
    - *"Palabra de conocimiento"* – capacidad para aplicar la verdad de Dios a situaciones de la vida.
    - *"La fe"* – capacidad de creer en Dios para grandes cosas.
    - *"Dones de sanidad"* y *"hacer milagros"* – demostraciones física del poder de Dios en operación.

- *"Profecía"* – comunicar la verdad de Dios a su pueblo.
- *"El discernimiento de espíritus"* – habilidad especial para saber la diferencia entre las obras de Dios y la obra demoníaca, o entre la verdad de Dios y la enseñanza de su Palabra y la falsa enseñanza.
- *"Lenguas"* – hablar lenguas que uno no ha estudiado.
- *"La interpretación de lenguas"* – explicar o traducir las lenguas / idiomas.

- Los cristianos tienen dones diferentes, pero un mismo Espíritu los bautiza a todos ellos (*12:12-31*). Los Corintos tenían conflictos y divisiones originadas en el egoísmo. Pablo les señala de nuevo la unidad que viene cuando pensamos en la iglesia en su conjunto.
  - o Pablo describe el cuerpo humano para darnos una ilustración. El cuerpo tiene muchas partes diferentes, y cada una es importante (*12:12-26*).
    - El bautismo del Espíritu trae la unidad, no división.
    - Dios da Su Espíritu Santo a todos los creyentes. Nadie tiene vida nueva de otra manera. Esto vincula a todos los creyentes en comunión.
  - o De la misma manera, la iglesia es el cuerpo de Cristo. El cuerpo de Cristo tiene diferentes partes, y cada uno es importante (*12:27-30*).
    - *"Apóstoles"* y *"profetas"* – la fundación de la iglesia (Ver *Mt. 16:18; Ef. 2:20*). Jesús escogió a los apóstoles para estar con Él en Sus años de ministerio en la tierra. Ellos también atestiguaron la resurrección (*Hch. 1:21-22*).
      - Algunos comentaristas interpretan la palabra con el significado más amplio de "misionero" (Ver *2 Co. 11:5; Ro. 16:7*).
    - *"Los maestros"* – tal vez relacionado con el trabajo pastoral, ciertamente sistemático en la presentación de la Palabra.
    - Los apóstoles, profetas y maestros ministraban a toda la iglesia.

- "*Dones de la administración*" – habilidades para organizar y dirigir los ministerios de la iglesia.
  o "*Los mejores dones*" – Los Corintos pudieron haber estado tratando de decir que algunos dones eran más importantes que otros. Eso significaría que algunas personas eran más importantes que otras. Pablo introduce la manera "*más excelente*" a usar los dones. Tener ciertos dones no es tan importante como usar los dones de la manera correcta para edificar a toda la iglesia (*12:31*).

Palabra clave:

Dones: El Espíritu Santo da dones de la gracia a los creyentes. Cada creyente recibe dones. Cada creyente está llamado a usar los dones para el bien de todos, no para orgullo individual. Pablo enseña en de los dones en *1 Co. 12:8-10; Ef. 4:7-11* y *Ro. 12:3-8*. Las listas no son las mismas cada vez, pero cada vez Pablo enfatiza en la unidad que los dones traen para el cuerpo.

¿Qué es lo que encuentra más confuso sobre los dones espirituales?

¿Cuáles son sus dones espirituales particulares cuando se fija en todos los diversos listados de arriba?

¿Qué dice 1 Corintios 12 que le ayuda a comprender mejor los dones espirituales para su nueva iglesia?

- Sin amor, los dones no significan nada (*13:1-13*).

Si yo hablo en lenguas de hombres y de ángeles, pero no tengo amor, vengo a ser como bronce que resuena o un címbalo que retiñe. Si tengo profecía y entiendo todos los misterios y todo conocimiento; y si tengo toda la fe, de tal manera que traslade todos los montes, pero no tengo amor, nada soy (13:1-2).

  - Pablo describe los rasgos positivos de amor y los rasgos que no son parte del amor verdadero (*13:4-8*).
  - *"Ahora conozco en parte" "Ahora vemos oscuramente"* – No existe nada que pueda remplazar al amor. Los dones de *1 Co. 12* se desvanecerán, pero el amor es permanente (*13:8-13*).
- Usar los dones para edificar el cuerpo (*14:1-25*).
  - *"Las lenguas"* y *"Profecía"* – En el culto público, la iglesia no puede entender a alguien que habla en lenguas, sino profecía (un mensaje a los creyentes del Espíritu Santo) es en un lenguaje sencillo (*14:1-12*).
  - Las lenguas pueden ser utilizadas en el culto si alguien puede interpretar.
  - Para el cuerpo de la iglesia, es mejor si todos pueden entender (*14:13-25*).
- El culto debería ser ordenado (*14:26-40*).
  - *"Cada uno de vosotros... nadie"* – Todos en la iglesia pueden compartir en el culto (*14:26-29*).[3]
  - *"Las mujeres guarden silencio"* – Pablo ya dijo que las mujeres pueden orar y profetizar en público (*11:5*). Algunas mujeres pudieron haberse vuelto desordenadas en la forma que tomaron parte en el culto (*14:33-39*). Relieves arqueológicos encontrados en Corinto y Éfeso apoyan esto.

Basado en 1 Corintios 11-14, ¿qué principios deben guiar la adoración cristiana? Discuta.

E. <u>La Resurrección de Cristo y los cristianos</u> (*15:11-58*)
- La resurrección de Cristo es central para el evangelio que Pablo predicó (*15:1-11*).
- Algunos en Corinto dudaron totalmente de alguna resurrección (*15:12-34*).
  - Si no hay resurrección, entonces tampoco Cristo resucitó (*15:12-13*).
  - Si Cristo no resucitó, la predicación no sirve para nada (*15:14, 16*) y los testigos serían mentirosos (*15:15*) la fe no tiene sentido (*15:17*) y los muertos han perecido (*15:18*).
  - *"Primicias"* – Cristo ha resucitado.
    - Las primicias son parte de la cosecha que viene primero. Pablo utiliza imágenes del Antiguo Testamento. El pueblo de Dios dio la primera parte de la cosecha para el Señor (Ver *Lv. 23:10-11, 17, 20*). Esta era una promesa que el resto de la cosecha vendría.
    - Como *"primicias"* la resurrección de Cristo señala a la resurrección de todos los creyentes (*15:19-20*). (Ver *Ap. 20:1-6*).

  Pero ahora, Cristo si ha resucitado de entre los muertos, como primicias de los que durmieron (15:20).

  - *"Por un hombre vino la muerte"* – La muerte vino a través de Adán. La vida viene a través de Cristo (*15:21-22*). (Ver *Ro. 5:12-19*).
  - *"El fin"* – la segunda venida de Cristo y los acontecimientos que vienen con ello. El reino de Dios triunfa aún sobre la muerte (*15:24-28*).

o Pablo vivió con riesgos todos los días. Sin la resurrección, los peligros no tendrían sentido (*15:29-34*).

- *"Bautizados por los muertos"* – La iglesia del Nuevo Testamento no seguía esta práctica, y el apóstol Pablo no lo enseñó.
- *"por"* – esta frase debería ser traducida "por la esperanza de los muertos". La esperanza de los muertos es la resurrección. El bautismo del creyente es una imagen de la muerte del creyente, sepultura y resurrección en Cristo.
- Marción introdujo a los cristianos la práctica del bautismo en nombre de los muertos alrededor del año 150, como parte de su propia religión.
- Los mormones enseñan esta doctrina falsa dando un mal manejo a este versículo. La práctica de bautizarse por aquellos quienes han muerto se basa en una interpretación errónea de *1 Co. 15:29*.

Palabra clave:

Resurrección: En la resurrección, Dios levantó a Jesucristo físicamente de entre los muertos. Él se apareció a cientos de personas después de que Él resucitó. La resurrección es un acontecimiento de la historia, no sólo un concepto espiritual. Debido a que Jesús resucitó, los creyentes también esperan la resurrección física.

Según Pablo, ¿qué pasaría con la fe cristiana sin la Resurrección?

- Los cristianos tendrán la resurrección de cuerpos (*15:35-58*)
  o *"Necio"* – La resurrección puede ser difícil de entender. Esto no quiere decir que no sea verdad (*15:25-37*).
  o Pablo da ejemplos de la naturaleza. Dios creó una gran variedad. Ciertamente Él puede resucitar a los muertos con un cuerpo nuevo (*15:38-41*).

o El cuerpo terrenal es débil y pecaminoso. La resurrección del cuerpo es permanente y glorioso (*15:42-44*).

o Pablo contrasta el cuerpo natural y el cuerpo espiritual. El cuerpo natural muere. El cuerpo espiritual nunca morirá. Adán dio a los humanos un cuerpo natural. Cristo dará un cuerpo espiritual que es real (*15:44-49*).

Y esto digo, hermanos, que la carne y la sangre no pueden heredar el reino de Dios, ni la corrupción hereda la incorrupción. He aquí, os digo un misterio: No todos dormiremos, pero todos seremos transformados (15:50-51)

o *"Trompeta," "en un abrir y cerrar de ojos"* – la resurrección sucederá en un instante (*15: 52-54*). (Ver *1 Ts. 4:13-18*).

o La Resurrección absorve la muerte. Los creyentes tienen la victoria final sobre el pecado (*15:55-58*).

3. **Peticiones y saludos (*16:1-24*)**

A. <u>Colecta para Jerusalén</u> (*16:1-4*)
  * En el tercer viaje misionero de Pablo, él recogió dinero para dar a los cristianos de Jerusalén que estaban en necesidad.
  * Los cristianos de Jerusalén pueden haber sufrido de hambre o persecución (Ver *Hch. 8:1; 11,28*).

B. <u>Pedidos Personales</u> (*16:5-18*)
  * Pablo espera visitar Corinto pronto (*16:5-9*).
  * Pablo pide a los Corintos cuidar de Timoteo (*15:10-11*). (Ver *Hch. 19:22*).
  * Pablo cierra con peticiones personales y ánimos (*16:12-24*).

Sugerencias para la predicación de 1 de Corintios

* Explore los temas de las relaciones en la iglesia: la respuesta cristiana a la inmoralidad, la libertad en Cristo, el culto cristiano sincero, y lo que la resurrección significa para el cristiano.

- Examine el tema de la Cruz: lo que la cruz significa para las relaciones, el significado de la Cena del Señor, el regalo supremo del amor por la Cruz, y cómo la Cruz lleva a los creyentes hacia el futuro.

- Estudie el propósito de Dios para la vida cristiana en los dones y una vida piadosa.

- Identifique las pautas para la toma de decisiones en situaciones delicadas.

Capítulo 3

2 Corintios

La correspondencia de Pablo con la iglesia en Corinto continuó después que él escribió 1 Corintios. En algún momento, Pablo hizo una visita a Corinto. Él describe la visita como "dolorosa" (*2 Co. 2:1*). Después de la visita, él escribió una "carta triste" (*2 Co. 2:4; 7:8*) que ha estado perdida. Esta carta perdida ordenó disciplina de la iglesia a una persona que llevó a la gente en contra de Pablo. Pablo envió la carta con Tito. Pablo dejó Éfeso y se fue a Troas a esperar a Tito para traer un informe. Tito dio un buen informe de los avances de los cristianos en Corinto. Pablo escribió 2 Corintios alrededor de septiembre-octubre del año 56 DC para expresar su alegría de que los problemas estaban solucionándose. También defendió su autoridad como apóstol.

Qué esperar:
Palabras claves: reconciliación, nuevo pacto, sufrimiento.

Sugerencia: Abra su Biblia en 2 Corintios para que pueda seguir las lecturas.

1. **Saludos y acción de gracia (*1:1-11*)**

    A. <u>Apertura tradicional</u>
    - La apertura habitual de Pablo de gracias se centra en el bienestar en el sufrimiento.
    - *"Tribulación"* – Dios nos consuela en nuestras tribulaciones con el resultado de que nosotros podamos consolar a otros (*1:4-7*).

    B. <u>Pablo comparte su sufrimiento</u> (*1:8-11*) (Ver también *Hch. 19:23-41* y *1 Co. 15:31*-32).

2. **Motivos para el ministerio (*1:12-7:16*)**

    A. <u>Pablo explica sus motivos y planes</u> (*1:12-2:11*)
    - Pablo explica por qué él visita Corinto (*1:12-2:5*).

o Algunos acusaron a Pablo de no ser sincero, pero él tiene la conciencia tranquila (1:12-13).
o Pablo fue acusado de no cumplir su palabra, pero él ha sido fiel a Dios. Dios cumple Su palabra (*1:14-20*).
o La llamada de Pablo viene de Dios (*1:21-24*).

Y Dios es el que nos confirma con vosotros en Cristo y el que nos ungió; es también quien nos ha sellado y ha puesto como garantía al Espíritu en nuestros corazones (1:21-22).

- *"ungido"* – apoderado por Dios.
- *"sellados"* – El Espíritu es la garantía de pertenecer a Dios.
o Pablo hizo una visita dolorosa a Corinto. Él no quiere volver de nuevo en el dolor. Él quiere venir en alegría (*2:1-5*).
• Pablo instruye el perdón (*2:6-11*).
o *"Si alguno ha causado tristeza"* – Esto puede referirse al hombre en *1 Co. 5* o alguien que pecó en contra de Pablo durante la visita dolorosa (*2:5*).
o *"La reprensión"* – la disciplina de la Iglesia llevó al arrepentimiento. Ahora, la iglesia puede mostrar el amor y el perdón. El objetivo de la disciplina es el arrepentimiento y la restauración del pecador (*2:6-11*). (Ver *Gá. 6:1-2*).

B. <u>El ministerio del Evangelio de Pablo</u> (*2:12-6:10*)
• El triunfo en el ministerio (*2:12-17*).

Pero gracias a Dios, que hace que siempre triunfemos en Cristo y que manifiesta en todo lugar el olor de su conocimiento por medio de nosotros (2:14).

o Pablo usa una metáfora de la procesión triunfal romana para un general victorioso.[1]
o El Evangelio da vida (victoria) a los que la reciben. Para otros, es el olor de la muerte (*2:15-16*).

- o *"Traficantes"* – Algunas personas utilizan la religión para obtener un beneficio. Los motivos de Pablo para el ministerio son puros (*2:17*).
- Recomendación para el ministerio (*3:1-5*).
  - o Pablo no necesita carta para que le recomendemos para el ministerio. Los mismos corintios son su carta (*3:1-3*).
  - o La capacitación para el ministerio viene por el Espíritu de Dios (*3:4-5*).
    - *"tal confianza"* – Pablo está seguro de que Dios haría su ministerio efectivo a través de Cristo (*3:4*).
- El privilegio del ministerio (*3:7-18*).
  Pablo nombra diferencias entre el ministerio del Antiguo Testamento y el ministerio del Nuevo Testamento.
  - o *"grabados sobre piedras."* el ministerio del Espíritu es *"aún más glorioso"* (*3:7-8*). (Ver *Ro. 7:10; Ex. 34:1*).
    - La ley dada por Moisés dejaría de existir.
    - El Espíritu da la vida eterna.
  - o *"El ministerio de condenación," "el ministerio trae justicia"* (*3:9-10*).

Porque si el ministerio de condenación era con gloria, ¡cuánto más abunda en gloria el ministerio de justificación! Pues lo que había sido glorioso no es glorioso en comparación con esta excelente gloria (3:9-10).

- La ley fue buena, pero nadie puede ser justo ante la ley.
- Por la gracia, Dios declara a cualquiera que cree "no culpable." (Ver *Ro. 3:21-24*).

Discuta las diferencias entre los dos ministerios que Pablo describe. ¿Por qué es importante la diferencia?

- Honestidad en el ministerio (*4:1-6*).
  - o *"La manifestación de la verdad"* – No importa qué tan difícil fue el ministerio, Pablo habla con valentía (*4:1-3*).
  - o *"el Dios de esta edad ha cegado"* – Satanás esconde la verdad. Pablo predica claramente (*4:4-5*). (Ver *Jn. 12:31; Jn. 12:40*, tenemos que ser compasivos y pacientes con los no creyentes, *2 Ti. 2:24*.).

Porque es el Dios que dijo: "La luz resplandecerá de las tinieblas" es el que ha resplandecido en nuestros corazones, para iluminación del conocimiento de la gloria de Dios en el rostro de Jesucristo (4:6).

  - o Dios es el creador original. Ahora Él hace una nueva creación (*4:6*).
- El ministerio trae problemas (*4:7-15*).
  - o *"Tesoro," "vasos de barro"* – En el primer siglo, las personas escondían objetos de valor en ollas de barro común.
  - o El Evangelio es un tesoro escondido en humanos frágiles.
  - o El ministerio trae problemas, pero los problemas no nos destruyen (*4:7-10*).

Porque nosotros que vivimos, siempre estamos expuestos a muerte por causa de Jesús, para que también la vida de Jesús se manifieste en nuestra carne mortal (4:11).

  - ▪ Nuestro sufrimiento es una forma de compartir los sufrimientos de Cristo.
  - ▪ Debido a que Pablo estaba dispuesto a sufrir, otros escucharon las Buenas Nuevas.
- El Ministerio puede ser desalentador, pero tenemos confianza en Dios (*4:16-5:10*).
  - o *"Renovados día a día"* – El Evangelio fluye incluso en tiempos difíciles (*4:16*).
  - o *"Leve tribulación"* – Desde una perspectiva eterna, nuestros problemas son pequeños (*4:17-18*).

Nombre tres maneras que las palabras de Pablo en 2 Corintios 4 pueden animar a los creyentes que sufren.

1.

2.

3.

- o Nuestros cuerpos morirán. Dios nos dará cuerpos de resurrección (*5:1-10*).
  - Cuando sufrimos, anhelamos nuestro futuro en el cielo. El Espíritu Santo es la garantía del futuro (*5:1-5*).

    Así vivimos, confiando siempre y comprendiendo que durante nuestra estancia en el cuerpo peregrinamos ausentes del Señor. Porque andamos por fe, no por vista (5:6-7).

  - Estamos seguros de nuestro futuro en el cielo después de la muerte (*5:6-10*). (Ver también F*il. 1:23; Lc. 23:43*).
  - *2 Co. 5:10* habla del tribunal de Cristo. Después de que sean resucitados, los creyentes deben estar delante de Cristo y dar cuenta de cómo ellos vivieron después de que se convirtieron en cristianos. Esto incluye los motivos así como las acciones.
- El amor de Cristo motiva al ministerio (*5:11-21*).
  - o *"El temor del Señor"* – Un día daremos cuenta a Dios. Esta es la razón para predicar el Evangelio (*5:11*). (Ver *Ro. 2:16; Ro. 14:10-12; Ef. 6:8*).
  - o El amor de Cristo es una razón para predicar el Evangelio (*5:12-15*).

Porque el amor de Cristo nos impulsa, considerando esto: que uno murió por todos; por consiguiente, todos murieron. Y él murió por todos para que los que viven ya no vivan para sí, sino para aquel que murió y resucitó por ellos (5:14-15).

- o El Evangelio transforma los corazones. Esta es la razón para predicar. Nosotros compartimos *"el ministerio de la reconciliación"* de Cristo (*5:18-20*).

Palabra clave:

Reconciliación: poner fin a la oposición; el cambio de ser enemigos a estar en paz. Debido a la muerte y resurrección de Cristo, ya no somos enemigos de Dios. Dios hace este trabajo, no nosotros (Ver también *Ro. 5:1-10*). Los creyentes comparten en el ministerio de la reconciliación cuando comparten el Evangelio con los demás.

- Ministramos para Dios, no para nosotros mismos (*6:1-10*).
  - o Pablo enumera los rasgos del ministerio del verdadero siervo.
  - o Esto contrasta con los falsos maestros que quería ser importantes.

C. <u>Pablo le pide a los corintios responder a su mensaje</u> (*6:11-7:4*)
  - Pablo ha sido honesto. Él pide a los lectores a abrir sus corazones a él (*6:11-13*).
  - Pablo pide a los corintios separarse de la falsa enseñanza (*6:14-7:1*).
    - o *"No os unáis en yugo desigual"* (*6:14*). (Ver *Dt. 22:10*). Dios dijo a Israel que no enyunte a un animal limpio (buey) con un animal impuro (burro).
    - o La iglesia en Corinto tenía un historial de unir grupos que adoraban a los ídolos o que seguían a falsos líderes (Ver *2 Co. 11:13-14*).
    - o Pablo les recuerda a los corintios su verdadera relación con Dios. Él los insta a separarse de las cosas que los alejan de Dios (*6:14-7:1*).

¿Qué armonía hay entre Cristo con Belial? ¿Qué parte tiene el creyente con el no creyente? ¿Qué acuerdo puede haber entre un templo de Dios y los ídolos? Porque nosotros somos templo del Dios viviente (6:15-16).

- Esto no quiere decir que no tengan nada que ver con los no creyentes.
- Esto significa no participar en los caminos pecaminosos de los incrédulos.
- Pablo pide de nuevo a los lectores abrir sus corazones (*7:2-4*).

¿Cómo pueden los cristianos separarse de la enseñanza falsa, pero aún conectarse con la gente en su cultura?

¿Cuál es su plan para alcanzar a su comunidad para Cristo, pero manteniéndose fiel a la Palabra de Dios?

D. <u>El consuelo de la tristeza</u> (*7:5-16*)
- Los creyentes obedecieron a Pablo (*7:5-12*).
  - o Tito dio un buen informe a Pablo sobre Corinto (*7:5-7*).
  - o "La carta dolorosa" de Pablo causó dolor, pero esto también llevó al arrepentimiento (*7:8-11*).

Porque la tristeza que es según Dios genera arrepentimiento para salvación, de que no hay que lamentarse... ¡cuánta diligencia ha producido en vosotros (7:10-11).

- No tenemos la "carta dolorosa" de Pablo en el Nuevo Testamento.

- A pesar de que fue difícil escribir una "carta dolorosa," hablar honestamente y con amor resultó en cambio.
- Los creyentes mostraron el amor, cuando recibieron a Tito (*7:13-16*).

3. Pablo pide generosidad para los creyentes en Jerusalén (*8:1-24*)

A. <u>Pablo da un informe sobre la recaudación</u> (*8:1-24*)
- Pablo habla de la generosidad de las iglesias en Macedonia (*8:1-5*).
  - o *"Las Iglesias de Macedonia"* – Esta es la parte norte de la actual Grecia. Pablo comenzó las iglesias en Filipos, Tesalónica y Berea (*8:1*).

  Que en grande prueba de tribulación, la abundancia de su gozo y su extrema pobreza abundaron en las riquezas de su generosidad. Porque doy testimonio de que espontáneamente han dado de acuerdo a sus fuerzas, y aún más allá de sus fuerzas (8:2-3).

  - o Los macedonios dieron generosamente. Ellos creían que la donación era un favor especial para ellos (*8:2-5*).
- Pablo exhorta a la iglesia en Corinto a ser generosos también (*8:6-15*).
  - o *"En la fe"* – Los creyentes en Corinto tenían muchos dones, incluyendo el don de la fe (*8:6-7*).
  - o *"La gracia de nuestro Señor"* – Jesús es el ejemplo de la ofrenda (*8:8-9*).

  Porque conocéis la gracia de nuestro Señor Jesucristo, que siendo rico, por amor a vosotros se hizo pobre, para que vosotros con su pobreza fueseis enriquecidos (8:9).

  - Jesús renunció a las riquezas celestiales para venir a la tierra (Ver *Fil. 2:7-8*).

- ▪ *"ustedes fuesen enriquecidos"* – Jesús da riquezas espirituales a los que creen (*8:9*).
  - o *"Llevad el hecho a su culminación"* – Los Corintos habían iniciado una colecta. Ahora era tiempo de terminar (*8:10-12*).
  - o *"La igualdad"* – La meta de Pablo no es causar dificultades a los Corintios. Los creyentes en todas partes pueden compartir lo que tienen (*8:13-15*).

En sus propias palabras, escriba lo que usted piensa que es el punto principal de Pablo sobre la generosidad.

- • Pablo envía a Tito por la colecta (*8:16-24*).
  - o *"Elegido por las iglesias"* – Después de recoger el dinero en Corinto, Tito irá con Pablo a Jerusalén (*8:16-21*).
  - o *"colaborador para con vosotros"* – Tito ganó la confianza de Corinto (*8:22-24*).

B. <u>Las razones para la generosidad</u> (*9:1-15*)
- • Los corintios estaban dispuestos a dar la colecta (*8:1-5*).
  - o Pablo se jactó de ellos. Su entusiasmo inspiró a otras iglesias (*8:2*).
  - o Ahora ellos necesitaban ayuda respecto a sus buenas intenciones (*8:3-5*).

Pero he enviado a estos hermanos para que el orgullo que tenemos de vosotros no sea en vano en este respecto, y para que estéis preparados, como vengo diciendo (9:3).

- ▪ *"avergoncemos… de esta confianza nuestra"* – Pablo planeaba visitarles. Algunos macedonios vendrían con él. Ellos sabrían si los Corintios terminaron el trabajo.[2]

- La ofrenda generosa enriquece al dador (*9:6-11*).
  - o *"Sembrar"* y *"cosechar"* – En este cuadro de la cosecha sacado de la naturaleza, cada persona puede elegir cuánto plantar (*9:6*). (Ver también *Pr. 11:24-25; 19:17; Lc. 6:38; Gá. 6:7*).
  - o Cada persona decide privadamente dar con alegría (*9:7*).
  - o *"Proveerá y multiplicará vuestra semilla"* – Dios provee para aquellos que dan entonces ellos pueden seguir dando (*9:8-11*).
- Dar es una ofrenda de agradecimiento a Dios (*9:12-15*).

Porque ministrar este servicio sagrado no solamente suple lo que falta a los santos, sino que redunda en abundantes acciones de gracias a Dios (9:12).

  - o *"Ellos glorifican a Dios por la obediencia"* – Dar trae gloria a Dios (*9:12-13*).
  - o *"Don inefable"* – Lo que le damos a Dios nunca se puede comparar con lo que Dios nos da en Jesús (*9:14-15*).

4. Pablo defiende su ministerio (*10:1-13:10*)

Pablo habla a las pocas personas en Corinto, que aún se oponen a él.

A. <u>La posición de Pablo como apóstol</u> (*10:1-12:18*)
- Los críticos de Pablo dudaban de su autoridad (*10:1-18*).
  - o *"humilde," "osado"* – Los críticos acusan a Pablo de ser fuerte en sus cartas, pero débil en persona (*10:1-2*). (Ver también *10:10*).
  - o Pablo no busca la norma del mundo (*10:3-6*).

Destruimos los argumentos y toda altivez que se levanta contra el conocimiento de Dios; llevamos cautivo todo pensamiento a la obediencia de Cristo (10:5).

- o *"Autoridad, la cual el Señor nos dio para edificación"* – El propósito de Pablo no es destruir, sino edificar con autoridad (*10:7-11*).
  - o *"Los límites de la esfera que (la cual) Dios nos ha designado"* – Los falsos maestros se jactan de que ellos son del más alto nivel. El enfoque de Pablo está en el trabajo que Dios le dio para hacer (*10:12-18*).
- Pablo explica su política sobre el dinero (*11:1-15*).
  - o Él se protege contra los falsos maestros que guían a los corintios por mal camino. Él señala que algunos han sido demasiado rápidos para creer en los falsos maestros (*11:1-6*).

Porque si alguien viene predicando a otro Jesús al cual no hemos predicado, o si recibís otro espíritu que no habíais recibido, u otro evangelio que no habíais aceptado, ¡qué bien lo toleráis! Porque estimo que en nada soy inferior a aquellos apóstoles eminentes (11:4-5).

  - o Pablo predica sin cobrar dinero (*11:7-12*).
    - En el tiempo de Pablo, los maestros profesionales cobraban dinero. Algunas iglesias apoyaron a Pablo (*11:7-10*).
    - *"quitarles la ocasión"* – Pablo no tomó el dinero de los corintios porque él no quería que otros maestros pensaran que ellos estaban en el mismo nivel con él (*11:11-12*).
    - *"apóstoles falsos"* – Los críticos Pablo se llamaban a sí mismos apóstoles de Cristo.
  - o Pablo expone los apóstoles falsos (*11:13-15*).
- Pablo se gloría sobre el servicio (*11:16-33*).
  - o Pablo se gloría para demostrar que su ministerio es fuerte. Los críticos lo acusaron de ser débil, mientras que otros eran sabios (*11:16-21*).

Lo que ahora digo, no lo digo según el Señor, sino como en locura, con esta base de jactancia. Ya que muchos se jactan, también yo me jactaré. Pues con gusto toleráis a los locos, siendo vosotros sensatos (11:17-19).

- o Pablo se gloría de su trayectoria (*11:21-33*).
    - Su herencia es impecable (*11:21-22*).
    - Sus sufrimientos prueban su ministerio (*11:23-29*).
    - Se gloría incluso en la debilidad (*11:30-33*).
- La jactancia de Pablo acerca de las visiones (*12:1-10*).
    - o *"Un hombre en Cristo"* – Pablo es modesto. Él está hablando sobre de sí mismo (*12:2*).
    - o *"El tercer cielo," "Paraíso"* – La gente en la época de Pablo hablaba a menudo de tres cielos. El primer cielo es donde las aves vuelan. El segundo cielo es donde están el sol, la luna y las estrellas. El tercer cielo es donde vive Dios (*12:2, 4*).
    - o *"Aguijón en la carne"* – Pablo no explica de qué se trata. Esto puede ser: una dolencia física, una tentación; la persecución (*12:7-19*).[3]
    - o La debilidad en nosotros enfoca el poder de Cristo en la obra.

Por tanto de buena gana me gloriaré más bien en mis debilidades, para que habite en mí el poder de Cristo (12:9).

B. <u>La preocupación de Pablo por los corintios</u> (*12:11-13:10*)
- Pablo se jacta porque los Corintios escucharon a los falsos apóstoles (*12:11-18*).
    - o La grave situación significa que Pablo debe presumir traerlos de vuelta a la verdad.
    - o *"Las señales," "prodigios y hechos poderosos"* – Pablo hizo estas cosas en Corinto. Estas cosas demuestran su autoridad (*12:11-13*).
        - Estos son actos sobrenaturales.

- Los milagros probaron el mensaje (las señales) provocaron temor en la gente que los vio (el asombro) y mostró el poder de Dios (las acciones poderosas).
    - ○ *"Tercera vez"* – Paul visitará Corinto por tercera vez. Él está dispuesto a sacrificarse por ellos (*12:14-18*).
        - ▪ *"astuto," "astucia"* – Pablo está siendo sarcástico, como si él los engañara al no permitirles que le den dinero.
- El objetivo de Pablo es edificar a los Corintios (*12:19-13:10*).
    - ○ Él teme que encontrará divisiones entre ellos otra vez (*12:19-21*).
    - ○ Pablo no tiene miedo de ser firme si él encuentra pecado en Corinto (*13:1-4*).
    - ○ Los creyentes deberían mirar sus propios corazones (*13:5-10*).
        - ▪ Los creyentes le pidieron a Pablo que les probara a ellos respecto a sí mismo. Ahora ellos deben probarse a sí mismos (*13:5-8*).
        - ▪ *"perfección"* – Pablo ora para sanar las divisiones en la iglesia (*13:9-10*).

5. **Saludos personales, ánimo y bendición (*13:11-14*)**

Sugerencias para la predicación de 2 Corintios

- Busque en temas de esperanza y consuelo en tiempos de pruebas.

- Enseñe sobre cómo reconocer una doctrina sólida y actué en amor si hubiere falsa enseñanza.

- Busque lecciones sobre generosidad y las conexiones entre las congregaciones.

Capítulo 4

Gálatas

¿Quiénes eran los Gálatas? ¿Cuando escribió Pablo la carta a los Gálatas? Estas dos preguntas están conectadas. En el primer siglo, "Galacia" podría significar un área de Asia Menor, hacia el norte. O, podría significar un grupo de ciudades en el sur.

Pablo en su primer viaje misionero, visitó las ciudades de Derbe, Listra, Iconio y Antioquía de Pisidia (vea *Hch. 13-14*). Él comenzó iglesias en estas ciudades. En su segundo viaje misionero, Pablo fue a la "región de Galacia" (*18:6*) la cual puede estar hacia el norte. ¿A quién le escribió Pablo? ¿Él escribió a las iglesias en el sur o el norte?

Lo más probable es que Pablo escribió a las iglesias en el sur. Hechos da un claro registro de que Pablo empezó estas iglesias. Él probablemente escribió el libro de Gálatas en el año 48 DC. Esto hace que Gálatas sea la primera de las cartas de Pablo en el Nuevo Testamento.[1]

Pablo escribió porque los falsos maestros conocidos como "judaizantes", llegaron a las iglesias que él empezó. Sus enseñanzas no concordaban con el evangelio de Pablo, y algunos creyentes les siguieron. Ellos enseñaron que las personas primero deben seguir la ley de Moisés. Sólo entonces podrían llegar a ser creyentes en Cristo. La carta de Pablo enfatiza que Dios nos salva por Su gracia. Nosotros no ganamos la salvación, por seguir la ley.

Qué esperar:
Palabras claves: revelación, circuncisión, tutor, carne.

Sugerencia: Abra su Biblia en Gálatas para que pueda seguir las lecturas.

1. Pablo anuncia su tema y razón para escribir *(1:1-9)*

A. <u>Pablo afirma autoridad</u> *(1:1-2)*
  - Él tiene autoridad porque es un apóstol.
  - Su autoridad viene de Dios.

B. <u>Pablo da un saludo</u> *(1:3-9)*

- Pablo no da gracias. En otras cartas, Pablo agradece a Dios por sus lectores. La situación en Galacia es seria.[2]
- Pablo va directamente a su tema - el verdadero Evangelio.
  - o Cristo se entregó a sí mismo por nuestros pecados *(1:3-5)*.
  - o Los Gálatas se habían alejado para seguir otro Evangelio. Pablo les escribe para corregirlos *(1:6-9)*.

2. Pablo defiende su autoridad *(1:10-16)*

A. <u>El Evangelio de Pablo viene de Dios</u> *(1:10-16)*

- Pablo no aprendió el Evangelio de otros apóstoles. Él lo aprendió directamente de Cristo *(1:10-16)*.

Pero os hago saber, hermanos, que el evangelio que fue anunciado por mí no es según hombre; porque yo no lo recibí, ni me fue enseñado de parte de ningún hombre, sino por revelación de Jesucristo. (1:11-12)

Palabra clave:

Revelación: Pablo recibió su conocimiento directamente de Cristo. Él fue un testigo del Evangelio. Su revelación le permitió ver que Cristo era el Hijo de Dios quien trajo la salvación a los Judíos y Griegos *(1:16; 2:16)*. (Vea *Hch. 9* para la historia de la conversión de Pablo).

  - o Pablo solía actuar en contra de los cristianos cuando estaba en el judaísmo, el estilo de vida judía basada en el Antiguo Testamento y en otras tradiciones *(1:13-14)*. (Vea *Hechos 9:1*).
  - o Luego, Dios llamó a Pablo a predicar el Evangelio *(1:15-16)*. (Ver *Hch. 9:15*).

A medida que lee Gálatas, preste atención a estos versículos. Escriba las señales del verdadero Evangelio que Pablo predicó.

- *1:11-12:*

- *2:20:*

- *3:14:*

- *3:21-22:*

- *3:26-28:*

- *5:24-25:*

B. <u>Pablo tiene la misma autoridad como la de los otros apóstoles</u> (*1:17-2:21*)

- Después de su revelación, Pablo no fue a Jerusalén. Él no tuvo que aprender de los otros apóstoles, porque él aprendió de Cristo (*1:17*).

- Después de tres años, Pablo fue a Jerusalén a reunirse con los líderes de la iglesia. Luego él continuó su ministerio (*1:18-24*). (Ver *Hch. 9:26-28*).
  - Pedro - Pablo se quedó con él durante 15 días (*1:18*).
  - Jacobo - el hermano de Jesús (*1:19*). Este Jacobo no era uno de los discípulos originales. "Apóstol" no siempre se refiere a los doce discípulos (Ver *Mt. 10:1-4; 1 Co. 15:5*).
  - Luego Pablo pasó a Siria y a Cilicia en su propio ministerio. Él explica esto para probar que su autoridad viene de Cristo, y no otros líderes (*1:21-24*).

- Los otros apóstoles sabían que Pablo era un apóstol (*2:1-10*).
  - Pablo hizo un segundo viaje a Jerusalén. Él y otros líderes debatieron el Evangelio que él predicaba (*2:1-5*). (Ver *Hch. 15:2*).
    - Tito era un gentil quien sirvió con Pablo. Él no estaba circuncidado.
    - Los falsos maestros trataron de hacer que las personas siguieran la ley judía, incluyendo la circuncisión. Pablo enseñó la libertad cristiana.

o   Los otros líderes estuvieron de acuerdo con Pablo. Los gentiles no tenían que seguir la ley judía como condición para creer en Cristo.
  ▪   Dios llamó a Pablo a predicar a los gentiles (*2:7*).
  ▪   Dios llamó a Pedro a predicar a los Judíos (*2:8*).
  ▪   *"La mano derecha en señal de compañerismo"* – señal de aceptación y amistad (*2:9*).

Palabra clave:

La circuncisión: Originalmente, Dios dio la circuncisión como una señal de Su pacto con Israel (*Gn. 17:9-14*). Sin embargo, llegó a ser una señal de cumplir con la ley, en lugar de una señal de relación. Pablo dice que la verdadera circuncisión es la del corazón (Ver *Ro. 2:25-26; Col. 2:11*).[3]

- Pablo tenía la autoridad de corregir a otros líderes (*2:11-21*).
  o   Pablo desafió a Pedro. Pedro se había negado de repente a comer con los gentiles. Esto era parte de la ley judía (*2:12*). (Ver *Hch. 15:35*. Pedro cayó en la trampa de ponerse bajo las reglas humanas – *"el temor al hombre"*, *Pr. 29:25* - que nos aleja de la gracia de Dios).
    ▪   El temor al hombre es un tema central para el pecado de todos los hombres. Pedro parecía luchar con esta tentación. Incluso en la noche que él negó a Jesús tres veces (*Lc. 22:54-60*) fue motivado por el temor al hombre.
    ▪   En los Evangelios, muchos de los líderes judíos no siguieron públicamente a Cristo porque temían al rechazo de los fariseos (Ver *Jn. 5:43-44; 12:42-43*). Ellos querían el honor el uno al otro en lugar del honor que sólo viene de Dios. Este temor al hombre obstaculizó su fe. *"El temor de Jehovah es el principio del conocimiento"* (*Pr. 1:7*).
  o   Los líderes ya habían decidido que los gentiles no tenían que seguir la ley judía. Pedro actuó como si el Evangelio no fuera para los gentiles (*2:13-15*).

o Pablo afirma claramente su mensaje. Dios nos declara "no culpables" por Su gracia. Nosotros no somos justos, debido a lo que hacemos (*2:16-21*).

Porque mediante la ley he muerto a la ley, a fin de vivir para Dios. Con Cristo he sido juntamente crucificado; y ya no vivo yo, sino que Cristo vive en mí. Lo que ahora vivo en la carne, lo vivo por la fe en el Hijo de Dios, quien me amó y se entregó a sí mismo por mí. (2:19-20).

- La ley nos muestra que somos pecadores, pero la ley no es pecaminosa (*2:18*).
- El poder de Cristo vive en nosotros (*2:19-21*). (Ver *Ro. 8:2*).

3. Pablo defiende la Justificación por la Fe (*3:1-4:31*)

A. <u>Pablo muestra las raíces del Evangelio</u> (*3:1-25*) (Ver *Ro. 4:1-25*).

- Los Gálatas ya han escuchado la verdad (*3:1-5*).

¿Tan insensatos sois? Habiendo comenzado en el Espíritu, ¿ahora terminaréis en la carne? (3:3).

o La vida en el Espíritu no armoniza con la vida en la carne.
  - *"El Espíritu"* llega a ser un tema importante en Gálatas. Pablo habla acerca del Espíritu Santo 16 veces.
  - El Espíritu obra por la fe, no por las acciones que siguen a la ley judía (*3:5*). (Ver *Ro. 4:4-5*).
  - *"Tantas cosas padecisteis en vano"* - Esto sugiere que los creyentes de Galacia sufrieron por su fe en el Evangelio antes de que los falsos maestros vinieran.

Palabra clave:

Carne: es la naturaleza humana en un estado de debilidad, sin el Espíritu Santo. La circuncisión era parte de la vida en la "carne." Sin el Espíritu, es sólo un intento humano de ser justo (Ver *Ro. 8:1-11*).

- Incluso Abraham fue salvado por la fe. Todos los que creen, incluyendo los gentiles, son hijos de Abraham (*3:6-9*). (Ver *Gn. 15:6; Ro. 4,1-16*).
- *Hab. 2:4* muestra que Dios nos declara "no culpables" por la fe. *Lv. 18:5* muestra que no podemos ser salvos por guardar la ley (*3:10-12*). (Ver también *Dt. 27:26*).
- Cristo tomó el castigo por nuestra culpa (*3:13-14*).
  - Gracias a Cristo, los gentiles recibieron la bendición de Abraham (*3:14*). (Ver *3:8, Ro. 4:1-16*).
  - Gracias a Cristo, todos los que creen reciben la promesa del Espíritu (*3:14*).
- Jesucristo cumple la promesa de Dios a Abraham (*3:15-18*).
  - El pacto fue la relación de Dios con Su pueblo (*Gn. 12:2-3:7; 15:18-29; 17:4-8*).
  - La ley vino 430 años después. La ley no anula el pacto. La justicia viene por la fe.
- El propósito de la ley es guiarnos hacia Cristo (*3:19-25*).

Palabra clave:

Tutor: Un tutor tenía la responsabilidad de cuidar a un niño y ayudarle a aprender hasta que creció. La ley cuidó de los seres humanos hasta que Cristo vino. La ley nos guía hacia Cristo (Ver *Ro. 7:14-20*).[4]

Pero antes que viniese la fe, estábamos custodiados bajo la ley, reservados para la fe que había de ser revelada. De manera que la ley ha sido nuestro tutor para llevarnos a Cristo (3:23-24).

Utilice sus propias palabras para explicar la relación entre la ley y la fe.

B. <u>Pablo explica las ventajas y responsabilidades de la Filiación</u> (*3:26-4:41*)

- Los creyentes son hijos de Dios, sin distinción entre ellos (*3:26-29*).
- Los hijos adoptados son los verdaderos hijos (*4:1-7*). (Ver *Ro. 8:12-17*).
  - o Un niño no podría tomar decisiones. Un día heredaría, pero como niño, él no tendría más libertad que la de un esclavo (*4:1-2*).
  - o *"Sujetos a los principios elementales del mundo"* - Aparte de Cristo, somos esclavos de los principios del mundo (*4:3*).
  - o *"La plenitud del tiempo"* - Dios planeó el tiempo perfecto en la historia para enviar a Cristo (*4:4*).
    - Ahora los creyentes son hijos adoptivos con pleno derecho a heredar (*4:5-7*). (Ver *Ro. 5:5; 8:9; 8:15-16*).
- Pablo hace una petición personal (*4:8-20*).
  - o Él les dice a los Gálatas que no vuelvan a seguir las leyes judías para llegar a ser justos (*4:8-11*).
  - o Él les pide recordar su relación cercana y amorosa con él. Él les trajo el Evangelio y ellos lo recibieron (*4:12-20*).
- Pablo da una ilustración de la historia. Dios prometió a Abraham un hijo. Abraham tuvo un hijo con una esclava, Agar. Él tuvo un segundo hijo con su esposa, Sara (*4:21-31*).
  - o El hijo de Agar nació porque Abraham trató de hacer que la promesa se hiciera realidad. El hijo de Sara nació porque Dios hizo que la promesa se hiciera realidad (*4:22-23*).
  - o Los dos hijos representan dos pactos (*4:24-27*).
    - El uno es el pacto de la ley que conduce a la esclavitud. Jerusalén representa este pacto.
    - El otro es un pacto de gracia que conduce a la libertad. La Jerusalén celestial representa este pacto (Ver *Is. 54:1*).
  - o Pablo aplica la ilustración (*4:28-31*).

- El nacimiento de Isaac es como el nuevo nacimiento de los cristianos (*4:28*). (Ver *Jn. 3:3,5*).
- La persecución de Ismael de Isaac (*Gn. 21:8-9*) es como los falsos maestros guiando a los creyentes por el camino equivocado (*4:29*).
- Abraham despachó a Agar e Ismael. Como resultado, los Gálatas deberían echar fuera a los falsos maestros (*4:30*).[5]

Lea Gálatas 4. Utilice sus propias palabras para explicar por qué Pablo no quiere que los creyentes vuelvan a la ley judía.

¿Existen personas en nueva iglesia que están viviendo por la ley o por reglas legalistas? ¿Cómo va a ministrarles y mostrarles la gracia de Dios?

4. Pablo defiende la libertad de la ley (*5:1-6:10*)

A. <u>No abusar de la libertad que Cristo nos da</u> (*5:1-15*)
- Un extremo es el "legalismo" - seguir la ley para ser justos (*5:1-12*).
  - o Sin embargo, nadie puede guardar toda la ley (*5:1-4*). (Ver *Ro. 2:25; Ro. 9:31*).

Porque nosotros por el Espíritu aguardamos por la fe la esperanza de la justicia. Pues en Cristo Jesús ni la circuncisión ni la incircuncisión valen nada, sino la fe que actúa por medio del amor. (5:5-6).

  - o En lugar de seguir la ley, esperamos por *"la fe la esperanza de la justicia"* (*5:5-6*). (Ver *Ro. 8:24*).

Corríais bien. ¿Quién os estorbó para no obedecer a la verdad? 8 Tal persuasión no proviene de aquel que os llama. (5:7-8).

- o *"La levadura"*- fue representada por los judaizantes que llegaron a Galacia e influenciaron a los creyentes. Ellos sólo causaron problemas. Sólo se necesita de un poco de levadura para afectar a toda la masa de pan (*5:7-12*).
- El otro extremo utiliza la libertad como una excusa (*5:13-15*).
  - o La libertad cristiana no es una razón para hacer lo que queramos (*5:13*). (Ver *1 Co. 8:9*).
  - o La verdadera libertad cristiana es la libertad para servir a los demás en amor (*5:14-15*). (Ver *1 P. 2:16*).

B. <u>Andar en el Poder del Espíritu Santo</u> (*5:16-26*)
  - La ley del Espíritu es contraria a la ley de la carne. El Espíritu obra en nosotros para vencer a la carne pecaminosa (*5:16-18*). (Ver *Ro. 8:1-11*).
  - Pablo enumera las acciones que demuestran que una persona no está viviendo por el Espíritu (*5:19-21*).
  - Pablo enumera las cualidades que demuestran que una persona *está* viviendo por el Espíritu. El Espíritu da sus frutos en la vida de la persona. No hay ninguna ley en contra de estas cosas (*5:22-23*).
  - *"Crucificado con Cristo"* – Nosotros ya no tenemos que vivir por los valores del mundo. El Espíritu nos guía a vivir por los valores del Espíritu (*5:24-26*). (Ver *Ro. 6:6*).

¿Cómo son de opuestos la carne y el Espíritu en la manera en que somos salvos (justificación)?

¿Cómo son de opuestos la carne y el Espíritu en la manera en que vivimos después de ser salvos (santificación)?

C. <u>Andar en el Espíritu significa vivir una vida de servicio</u> (*6:1-10*)

- Servir a la persona que ha pecado *(6:1-4)*.
  - o *"Vosotros que sois espirituales"* - Los más maduros pueden ayudar a los menos maduros *(6:1-2)*. (Ver *1 Co. 3:1-3*; sólo una persona espiritual quiere restaurar a un hermano caído. La persona bajo la influencia de la naturaleza humana quiere juzgar a la persona caída a fin de sentirse superior.).
  - o *"La ley de Cristo"* - Un resumen de la ley en – *"Ama a tu prójimo"* (*6:2*). (Ver *5:14; Mt. 22:39; Jn.13:35-34*).
  - o Tenga cuidado. Cualquier persona puede caer en el pecado (*6:3-5*).
- Servir en la obra del Espíritu (*6:6-10*).
  - o *"Sembrar"* y *"cosechar"* – Vivir en la carne traerá juicio. Vivir en el Espíritu traerá vida. Nosotros no ganamos la salvación por obras, sino que las buenas obras provienen del Espíritu en nuestras vidas (*6:6-8*). (Ver *5:19-21*).
  - o *"Por lo tanto"* - Esta palabra es una señal de que Pablo espera acción. La verdad de vivir en el Espíritu se mostrará en nuestras acciones hacia los demás.

5. Conclusión (*6:11-18*)

A. <u>Pablo da un resumen del problema de la Iglesia - El legalismo</u> (*6:11-13*)

- *"Grandes letras"* - Pablo estaba tan preocupado por aquellos que pervertirían el Evangelio, que escribió esta carta con su propia mano y con letras grandes. Pablo quería asegurarse de que los Gálatas supieran que fue él quien escribió la carta. Pablo habló en serio sobre el tema del verdadero Evangelio de pura gracia (*6:11*).
- *"El visto bueno"* - Los judaizantes querían mostrarse espirituales (*6:12*).

o A menudo aquellos que añaden sus propias reglas y reglamentos a la Palabra de Dios, buscan establecer su propio reino y *no* el reino de Dios.

Añadir o sustraer algo de la Palabra de Dios o el mensaje del Evangelio siempre resultará en herejía. Cuando usted predicó ¿alguna vez sumó o sustrajo algo de su mensaje para hacerlo más fácil a fin de que las personas lo acepten? Discutir.

- *"Gloriarse en vuestra carne"* - Los judaizantes querían alardear que tenían seguidores (*6:13*).
  o La cruz de Cristo aplasta cualquier derecho a jactarse de que podemos salvarnos a nosotros mismos por nuestras obras. La cruz de Cristo lo ha pagado todo.

B. <u>Pablo da un resumen de la solución - Cristo</u> (*6:14-15*)
- *"La cruz de nuestro Señor Jesucristo"* – el resumen final del Evangelio (*6:14*).
- *"Nueva criatura"* - la circuncisión u otras leyes judías no significan nada. Sólo la obra de Cristo tiene importancia (*6:15*).

C. <u>Pablo concluye con una bendición</u> (*6:16-18*)

Sugerencias para la Predicación de Gálatas

- Explore los temas principales de Gálatas: la ley, la fe, la libertad, el Espíritu Santo.

- Utilice Gálatas como un punto de partida para enseñar sobre las malas interpretaciones de la doctrina Cristiana y cómo protegerse contra ellas.

- Compare las acciones y actitudes positivas en Gálatas con las acciones y actitudes negativas.

Capítulo 5

Efesios

Éfeso era la capital de la provincia romana de Asia. Ahora, esta área es parte de Turquía. Varias rutas principales de comercio se reunieron en Éfeso. Pablo visitó Éfeso al final de su segundo viaje misionero. Él dejo a Aquila y Priscila para dirigir la iglesia allí (*Hch. 18:18-21*). Más tarde, en su tercer viaje, Pablo estuvo alrededor de tres años en Éfeso. Él utilizó la ciudad como centro de su trabajo en la región. Fueron tantas las personas en Éfeso que creyeron en Jesús, que los empresarios iniciaron un alboroto (*Hch. 19:21-41*). Estos hombres ganaban dinero mediante la elaboración y venta de ídolos.

La carta a los Efesios tiene temas generales. No tiene el carácter personal de muchas de las cartas de Pablo. Lo más probable es que Pablo quería que en varias iglesias se leyera la carta. Él no había conocido a muchas de estas personas, por lo que no pudo escribirles de una manera personal.

La primera mitad de la carta habla sobre las creencias fundamentales de la fe cristiana. La segunda mitad describe cómo las creencias se convierten en acciones. Pablo instó a los lectores a vivir de una manera tal que mostrasen que estaban unidos a Cristo. Pablo escribió la carta cuando estaba preso en Roma, alrededor del año 60 DC.[1] Los temas de Colosenses y Efesios son similares. Pablo escribió las dos cartas al mismo tiempo.

Qué esperar:
Palabras claves: propósito, hombre nuevo, sumisión.

Sugerencia: Abra su Biblia en Efesios para que pueda seguir las lecturas.

1. Las bendiciones espirituales de la Iglesia (*1:1-3:21*)

Dios no promete riquezas humanas para el creyente, sino Él hace promesa de bendiciones espirituales.

A. <u>Pablo da un saludo de gracia</u> (*1:1-2*)

- Pablo da un saludo común y también hace conocer su autoridad. Él es un apóstol de Jesucristo por la voluntad de Dios. Aquí él declara su posición y su llamado a su posición.
- También, Pablo habla en nombre de Dios, el Padre de nuestro Señor Jesucristo.

B. <u>Dios muestra un plan para su pueblo a través de la Trinidad</u> (*1:3-14*)

- Dios el Padre escogió los creyentes (*1:4-5*).
  - o *"Escogió," "predestinó"* – un tema común en las cartas de Pablo (Ver *Ro. 8:29-33; 9:6-26; 11:5, 7, 28; 16:13; Col. 3:12; 1 Ts. 1:4, 2 Ts. 2:13; Tit. 1:1*).

Palabra clave

Propósito: Pablo usa tres palabras relacionadas en *1:11* – *"propósito"* (Ver *Ro. 8:38; Ef. 1:9*) *"Abogado"* (*1 Co. 4:5, He. 6:17*) y *"voluntad"* (Ver *Ef. 2:3; 5:17; Ro. 1:10*). La idea principal es que detrás de la voluntad de Dios está Su corazón de amor.[2] La voluntad *resolutiva* de Dios es lo que Dios planeó, o lo que quiso desde la fundación del mundo. Gran parte de la voluntad *resolutiva* de Dios se mantiene en secreto hasta que Él se revele en el momento adecuado (Ver *Dt. 29:29; Ro. 11:33*). La voluntad *prescriptiva* de Dios es lo que Él ordena, o prescribe, para nosotros hacer, tales como los Diez Mandamientos.

- El Hijo rescató a los creyentes (*1:5-12*).
  - o Los creyentes tienen redención, perdón, gracia, sabiduría, prudencia.
  - o *"Dispensación de la plenitud de los tiempos"* – Esta palabra significa *"administración de la casa"* Dios organizó la historia para cumplir Su plan de salvación. El plan tiene diferentes fases. Aquí Pablo se refiere al tiempo en que Dios establecerá Su Reino eterno.[3]
- El Espíritu Santo asegura la promesa de Dios de la vida eterna. Él garantiza nuestra herencia (*1:13-14*). (Ver *Ro. 8:23; Col. 1:12; He. 9:15*).

C. <u>Pablo ora por sabiduría espiritual</u> (*1:15-22*)

- *"Oído de la fe que tenéis"* – Pablo no ha conocido a todos estos lectores (*1:15*).
- *"Los ojos de vuestro entendimiento"* – comprensión interna, espiritual (*1:18*).

...para que conozcáis cuál es la esperanza a que os ha llamado, cuáles son las riquezas de la gloria de su herencia en los santos, y cuál la inmensurable grandeza de su poder para con nosotros los que creemos (1:18-19).

Nombre de los elementos de la oración de Pablo por los Efesios. ¿Cómo puede usar estos elementos como usted ora por su familia y amigos? ¿Quién puede orar este tipo de oración por usted?

¿Por qué cree que Pablo da énfasis al propósito y plan de Dios?

- El mismo poder que resucitó a Cristo de entre los muertos obra en nosotros (*1:19b-21*).
- Al final, Cristo gobernará sobre todas las cosas. Este es el propósito final de Dios (*1:22-23*). (Ver *Col. 2:9; He. 2:7*).

D. <u>La salvación es por gracia mediante la fe</u> (*2:1-10*)

- En nuestra vieja naturaleza, estábamos muertos para Dios. Seguíamos los caminos de nuestra naturaleza pecaminosa (*2:1-3*).
- En nuestra nueva naturaleza, estamos vivos para Dios (*2:4-10*).

o Dios tiene un gran amor y misericordia. Él nos dio vida en Cristo (*2:4*). (Ver *Ro. 6:1-10*).

o *"En los lugares celestiales en Cristo Jesús"* – Nuestra unión con Cristo dura por la eternidad (*2:6*). (Ver *Ef. 1:20*).

Porque por gracia sois salvos por medio de la fe; y esto no de vosotros, pues es don de Dios. No por obras, para que nadie se gloríe. Porque somos hechura de Dios, creados en Cristo Jesús para hacer buenas obras que Dios preparó de antemano para que anduviésemos en ellas (2:8-10).

o La salvación viene por la gracia de Dios, no por el esfuerzo humano.
- *"han sido salvados"* – tiempo pasado. La salvación es una acción terminada (Ver *Ro. 3:21-31*).
- *"hechura"* – Esta palabra significa *"una cosa hecha,"*[4] como una obra de arte. La iglesia es obra creativa de Dios (Ver *Sal. 19:1; Ro. 1:20*).

o *"Preparado de antemano"* – el tema del propósito y plan de Dios, como en el capítulo 1.

E. <u>Los judíos y gentiles son un solo cuerpo en Cristo</u> (*2:11-22*)
- *"Incircuncisión"* y *"Circuncisión"* – Los gentiles y judíos.
  o Los gentiles una vez no tenían esperanza porque no eran parte del pueblo de Dios. A través de Cristo, Dios ha atraído a ellos a Sí mismo (*2:11-12*).
  o *"Pared intermedia de separación"* – En el templo judío, los gentiles podían adorar sólo en el patio exterior. Ellos no adoraban con los judíos. Esta pared representa la separación entre ellos (*2:14*).
    - *"en Su carne"* – la muerte de Cristo acabó con la separación. Cristo guardó la ley que ningún ser humano pudo guardar (*2:15*).
    - *"un hombre nuevo de los dos"* – La iglesia cristiana ahora incluyó tanto a los gentiles como a judíos (*2:16-18*).

Por lo tanto, ya no sois extranjeros ni forasteros, sino conciudadanos de los santos y miembros de la familia de Dios (2:19)

o *"Fundamento"* – Los apóstoles son el fundamento de la iglesia, pero Cristo mismo es la roca que sostiene el edificio junto (*2:19-22*).

¿Por qué es importante para Pablo la unidad de los creyentes?

¿Por qué debería ser importante para nosotros la unidad de los creyentes?

F. <u>El misterio del Cuerpo de Cristo</u> (*3:1-21*)
- Dios une a todos los creyentes en un solo cuerpo (*3:1-13*).
  - o *"Misterio"* – la verdad que viene de Dios (*3:3*).
  - o *"En otras generaciones"* – Las personas en los primeros tiempos de la historia tenían conocimiento de Dios (*3:5*).
    - Este conocimiento no fue la "revelación."
    - El Espíritu Santo reveló el misterio a los líderes de la iglesia primitiva.
  - o El misterio es que los gentiles comparten la salvación con los judíos (*3:6*).
  - o *"Menos que el menor"* – Pablo siempre fue humilde sobre de la obra especial que Dios lo llamó a hacer. Su ministerio fue a predicar a los gentiles (*3:8*). (Ver *1 Ti. 1:15*).
  - o La unidad de la iglesia muestra el plan de Dios. Ahora Cristo es cabeza de la iglesia. Al final de los tiempos, el mundo entero verá que Él es la cabeza del universo (*3:11-13*). (Ver *Fil. 2:9-11*).

- Pablo ora por todos los Efesios, ya sean gentiles o judíos (*3:14-21*).

...para que Cristo habite en vuestros corazones por medio de la fe; de modo que, siendo arraigados y fundamentados en amor, seas plenamente capaces de comprender, junto con todos los santos, cuál es la anchura, la longitud, la altura y la profundidad, y de conocer el amor de Cristo que sobrepasa todo conocimiento (3:17-19).

  - *"Morada"* – Cristo vive en el corazón del creyente.
  - El amor de Cristo está más allá de nuestro entendimiento (*3:19*).
  - *"A él sea gloria en la iglesia"* – La propósito de la iglesia es glorificar a Dios (*3:21*).

Lea estos versículos de Efesios. Escriban lo que cada versículo nos dice acerca de nuestra identidad en Cristo.

- *1:3:*

- *1:4:*

- *1:5-6:*

- *1:7:*

- *2:6:*

- *2:10:*

- *2:13:*

- *3:6:*

- *3:12:*

2. Las responsabilidades de la Iglesia (*4:1-6:24*)

Las bendiciones espirituales para los creyentes traen responsabilidades hacia los demás.

A. <u>Los creyentes deberían procurar la unidad del Espíritu</u> (*4:1-6*)
- *"Por lo tanto"* – Creyendo que la verdad conduce a cambios en la acción. Nosotros realmente creemos lo que buscamos para vivir (*4:1-3*). (Ver *1 Ts. 2:12.*).
- Un Espíritu Santo une a los creyentes. Los gentiles y judíos se unen en Cristo. Pablo repite la palabra "un" para enfatizar la unidad (*4:4-6*). (Ver *Ro. 12:5*).

B. <u>Los creyentes usan los dones para edificar la iglesia</u> (*4:7-16*)
Sin embargo, a cada uno de nosotros le ha sido conferida la gracia conforme a la medida de la dádiva de Cristo (4:7).

- *"Cada uno"* – Cada creyente tiene un don o dones. El don viene por la gracia de Dios. Cada creyente utiliza un don de acuerdo a cómo Cristo lo permite (*4:7*).
- *"Subiste a lo alto"* – de *Sal. 68:18*. El Mesías triunfa sobre Satanás (*4:8*). Jesús es el Guerrero Victorioso.
  - *"Las partes más bajas de la tierra"* – Cristo vino a la tierra como un ser humano (*4:9*). (Ver *Fil. 2:5-8*)
  - Un día, el mundo verá que Cristo es supremo (*4:10*). (Ver *Fil. 2:9-11; Col. 1:18*).
- Cristo, que es supremo, da los dones (*4:11-16*).
  - Pablo nombra a cinco clases de dones/personas con talento:
    - *Apóstoles* – aquellos escogidos por Cristo para establecer la iglesia.[5]
    - *Profetas* – dieron mensajes de Dios.
    - *Evangelistas* – aquellos que predican el Evangelio.
    - *Pastores* – cuidan de la iglesia, como un pastor cuida de las ovejas.
    - *Maestros* – Enseña en línea sistemática, la línea de los comunicadores.

... hasta que todos alcancemos la unidad de la fe y del conocimiento del Hijo de Dios, hasta ser un hombre de plena madurez, hasta la medida de la estatura de la plenitud de Cristo... sino que siguiendo la verdad con amor, crezcamos en todo hacia aquel que es la cabeza: Cristo (4:13-16).

- Jesús y Pablo desean que la iglesia se construya en las personas y no en una personalidad. Hay unidad y participación en la Trinidad. Tiene que haber unidad y participación en la iglesia local, líderes talentosos que comparten el trabajo de equipar/entrenar a los santos para hacer la obra del ministerio. Una persona puede ser el líder, pero él debe compartir la carga y el entrenamiento integral con otros líderes talentosos.

  o Cuando los creyentes usan los dones que Cristo les da, la iglesia crece.
    - *"para la obra del ministerio"* – *4:12.*
    - *"edificación del cuerpo"* - *4:12.*
    - La madurez espiritual para el cuerpo de la iglesia (*4:13-16*).

C. <u>Los creyentes se visten del nuevo hombre y caminan en santidad</u> (*4:17-32*)
  - *"no os conduzcáis más,"* – Nos apartamos de los caminos del *"viejo hombre"* (*4:17-19*). (Ver *2:1-3*).
  - *"No habéis aprendido así"* – Pablo enfatiza el cambio del viejo hombre al nuevo hombre (*4:20-23*).

...Con respecto a vuestra antigua manera de vivir, despojaos del viejo hombre que está viciado por los deseos engañosos; pero renovaos en el espíritu de vuestra mente, y vestíos del nuevo hombre que ha sido creado a semejanza de Dios en justicia y santidad de verdad (4:22-24).

  - *"Vestíos del nuevo hombre"* – En Cristo, los creyentes son nuevas personas. Nosotros *"vestimos"* una experiencia de la justicia de Cristo, y esto se muestra en nuestras vidas (*4:24*). (Ver *Ro. 6:2-10; 2 Co. 5:17*).

- Pablo enumera ejemplos de cambios en la actitud y la acción en el nuevo hombre (*4:25-32*). (Ver *Ro. 12:5*).

Palabra clave

Nuevo hombre: "nuevo" no significa reciente en el tiempo. Significa "diferente en naturaleza." El nuevo hombre es la nueva humanidad creada en Cristo (Ver *Col. 3:9-11*).

    D. <u>Los creyentes imitan a Dios</u> (*5:1-21*)
- Andar en amor (*5:1-7*).
  - Dios nos amó y envió a Cristo para salvarnos. Cristo nos amó y se entregó así mismo por nosotros. El amor debería ser nuestra guía principal en toda situación (*5:1*).
    - En el Antiguo Testamento, un *"dulce aroma de olor"* en el sacrificio agradaba a Dios (Ver *Gn. 8:21; Ex. 29:18, 25, 41, Lv. 1:9, 13, 17*).
  - No caiga en los valores del mundo pagano (*5:3-7*). (Ver *Ro 1:19-31; Col. 3:5-7*).
- Andar como hijos de luz (*5:8-14*).

Porque si bien en otro tiempo erais tinieblas, ahora sois luz en el Señor. ¡Andad como hijos de luz! (5:8).

  - *"En otro tiempo erais,"* *"ahora sois"* – Una vez más, Pablo señala el cambio que viene estando en Cristo (*5:8*).
  - La luz de Cristo brilla en nuestras acciones. Nosotros pertenecemos a la luz y esto se muestra en nuestras vidas. No se mezcle con las obras de aquellos que hacen el mal (*5:9-14*). (Ver *Gá. 22-23*).
- Sea sabio en el propósito de Dios (*5:15-17*).
  - *"No como necios sino como sabios"* – Esta es otra manera de mostrar la diferencia entre el viejo hombre y el nuevo hombre, entre la luz y las tinieblas (*5:15-16*).

o El insensato no entiende el propósito de Dios (*5:17*). (Véase la explicación de Pablo del propósito de Dios en *Ef. 1:1-3:21*).

- Viva en el Espíritu (*5:18-21*).

Y no os embriaguéis con vino, pues en esto hay desenfreno. Más bien, sed llenos del Espíritu (5:18).

o *"Sed llenos"* – El Espíritu influye en nuestras acciones y relaciones.

E. <u>Los creyentes viven en relación con los demás</u> (*5:22-6:9*)
- Las relaciones entre esposos y esposas (*5:22-33*).
  - o Una mujer que se somete a su esposo también se somete al Señor (*5:22-24*).
    - La relación de Cristo con la iglesia es un ejemplo de las relaciones matrimoniales (Ver *Col. 1:18*).
  - o Los esposos siguen el ejemplo de Cristo del auto-sacrificio y del amor (*5:25-29*).
    - El amor busca lo mejor para la otra persona.
    - El sacrificio de Cristo fue por el bien de la iglesia. Él quería hacer de la Iglesia lo que Dios quería que fuera.

...para presentársela a sí mismo, una iglesia gloriosa que no tenga mancha ni arruga ni cosa semejante, sino que sea santa y sin falta (5:27).

  - Este amor es el ejemplo a seguir para los esposos.

Palabra Clave
Sumisión: Esta palabra es de origen militar. Una persona elige estar bajo la autoridad de otra persona. Pablo enfatiza la obligación de la persona en autoridad. La relación entre Cristo y la Iglesia es el modelo (Ver *1 P. 2:1; 5:5; Col. 3:18-23*).[6]

- La relaciones entre padres e hijos (*6:1-4*).

- o Cuando los hijos obedecen a los padres, ellos honran al Señor (*6:1*). (Ver *Pr. 30:17; Col. 3:20*).
  - o El mandato de Pablo refleja uno de los Diez Mandamientos (*6:2-3*). (Ver *Dt. 5:16*).
  - o Los padres deberían ser razonables con sus hijos (*6:4*).
    - ▪ Las reglas sin una relación causará la rebelión (Ver *Pr. 23:26*).
    - ▪ El afecto viene primero, y luego el ejemplo. Esta es la mejor manera de guiar a un niño.
- Las relaciones entre siervos y amos (*6:5-9*).
  - o Muchas personas en el Imperio Romano eran esclavos. Pablo no habla a favor o en contra de la esclavitud. Simplemente habla a los hombres que son esclavos (*6:5*).
  - o *"Como a Cristo"* – Una vez más, Pablo dice que la sumisión a otra persona honra al Señor (*6:5-6*).
  - o *"Recibe lo mismo"* – Dios es el juez final (*6:7-8*). (Ver *1 P. 1:17*).
  - o Los amos, también, deben honrar al Señor en las relaciones con los siervos (*5:9*).

F. <u>Los creyentes se visten de toda la armadura de Dios</u> (*6:10-20*)
Por lo demás, fortaleceos en el Señor y en el poder de su fuerza. Vestíos de toda la armadura de Dios, para que podáis hacer frente a las intrigas del diablo (6:10-11).

- Como un prisionero en Roma, Pablo probablemente sabía muy bien de la armadura.[7]
- La armadura de Dios protege al creyente del mal y del Maligno (*6:10-13*).
- El mundo espiritual invisible es real.
  - o *"Carne y sangre"* – La verdadera batalla del cristiano no está en contra de los falsos maestros humanos. La verdadera batalla es contra el diablo y los demonios (*6:12*).

- *"principados," "autoridades," "gobernantes de estas tinieblas," "espíritus de maldad."*
  - Pablo anteriormente mencionó de seres poderosos en el mundo que los seres humanos no pueden ver (Ver *1:21; 3:10*).
- Pablo describe las piezas de la armadura.
  - *"Ceñidos con el cinturón de la verdad"* – Tiras de cuero colgados del cinturón. Esto protegía la parte inferior del cuerpo. Para el cristiano es la verdad, y no la fuerza, la que gana la batalla (*6:14*).
  - *"Coraza de justicia"* – cuero duro o metal. Esta iba alrededor de todo el cuerpo. Para el cristiano, el carácter provee la defensa (*6:14*).
  - *"Calzados vuestros pies con la preparación para proclamar el Evangelio"* – zapatos duros. El cristiano está listo para extender el Evangelio (*6:15*).
  - *"Escudo de la fe"* – ofrece protección contra las armas del enemigo. Los ataques de Satanás no pueden hacer daño al que tiene fe en Dios (*6:16*).
  - *"Casco de la salvación"* – protección de la cabeza. El casco también puede ser un símbolo de la victoria en la batalla (*6:17*).
  - *"Espada del Espíritu"* – un recordatorio de que la batalla es espiritual (*6:17*).[8]

Esta batalla espiritual es ofensiva en naturaleza, podemos estar a la ofensiva en todo momento en el Espíritu.

¿Por qué Pablo enfatiza poniendo "toda" la armadura de Dios? ¿Qué pasa si un soldado sólo lleva parte de la armadura?

- Sin la oración, la armadura no sirve para nada (*6:18*).
  - Pablo le pide a los Efesios que oren por él

- o Él quiere dar a conocer el *"misterio del evangelio."* El misterio es un tema clave para Pablo (Ver *Ef. 3:3, 9; Col. 4:3*). En el pasado el plan de Dios en para la salvación estaba oculto. Ahora Dios lo revela.
- o Incluso como prisionero, Pablo predica el evangelio (*6:20*).

3. Bendición de Pablo (*6:21-24*)

Sugerencias para la predicación de Efesios

- Enseñe sobre la realidad de la guerra espiritual.

- Explore los versículos sobre nuestra verdadera identidad en Cristo.

- Estudie las características de las relaciones que honran a Dios.

- Explore la manera de promover la diversidad y la unidad en el cuerpo de la iglesia.

- Ore por su iglesia nueva y la actividad del Señor por medio de Su Espíritu Santo para proteger a cada uno de ustedes en su congregación de los engaños del diablo.

<h1 style="text-align:center">Capítulo 6</h1>

<h2 style="text-align:center">Filipenses</h2>

Pablo fundó la iglesia en Filipos en su segundo viaje misionero (Ver *Hch. 16:6-12*). Filipos era la ciudad principal en Macedonia. Mantuvo la posición de una colonia romana. Filipo estaba ubicado en la Vía Ignacia. Este era el camino principal a través de Grecia en el camino a Roma.

La iglesia era una mezcla de personas de diferentes razas y culturas. La primera persona en creer fue una mujer rica llamada Lidia (*Hch. 16:14-15*). Ella fue seguida por un carcelero romano (*Hch. 16:22-34*). Además, una chica de clase baja controlada por un demonio que quizá creyó (*Hch. 16:16-18*). Los miembros de la Iglesia eran principalmente gentiles.

Pablo escribió la carta a los Filipenses desde la ciudad de Roma. Él estaba en la cárcel en ese momento, pero él escribe sobre sumo gozo y colaboración en el ministerio. Los Filipenses tenían muchas áreas fuertes. Pablo les escribió para alentarles por su progreso y para seguir creciendo en las áreas débiles. Pablo usa la vida de Jesús como el modelo para los creyentes. Esta breve carta anima a los creyentes hoy en día también.[1]

Qué esperar:
Palabras claves: gozo, humildad, paz.

Sugerencia: Abra su Biblia en Filipenses así usted puede seguir las lecturas.

1. Pablo ora por los Filipenses (*1:3-11*)

    A. <u>Pablo agradece a Dios por los Filipenses</u> (*1:1-5*)
- Pablo hizo una mención especial de los *"obispos y diáconos"*, quienes estaban incluidos con *"todos los santos."* Los obispos eran los supervisores o los ancianos (Ver *Tit. 1:5, 7*); y fueron responsables de pastorear a la

iglesia. Los diáconos eran los líderes de la iglesia quienes
servían entre la iglesia (*1:1*). (Ver *Hch. 6; 20:17, 28*)

- Pablo a menudo comienza sus cartas con oración de
agradecimiento (Ver *Ro. 1:8; 1 Co. 1:4; Col. 1:3; 1 Ts. 1:2;
2 Ts. 1:3; 2 Ti. 1:3; Fil 4*).
- *"Comunión"* – Este término por lo general significa una
sociedad de negocios. Pablo reconoce el apoyo de los
Filipenses a su ministerio (*1:5*).[2]

B. <u>Pablo está confiado en la obra que hace Cristo</u> (*1:6-8*)
- La obra de Dios continúa en el corazón de los creyentes
hasta que Cristo vuelva (*1:6*).
- *"En mis prisiones"* – Pablo escribe desde la cárcel (*1:7*).

C. <u>Pablo ora por los filipenses para que crezcan espiritualmente</u>
(*1:9-11*)
- *"Que vuestro amor abunde"* – la forma más elevada del
amor cristiano (*1:9*).[3]
- *"Frutos de justicia"* – los cambios que vienen de Dios que
nos declara *"no culpable."*

**¿Cómo nos muestran estos primeros versículos que la oración nos
puede animar?**

2. Pablo explica su ministerio (*1:12-26*)

A. <u>Incluso en prisión, Pablo predica</u> (*1:12-18*)
*Quiero que sepáis, hermanos, que las cosas que me han
sucedido han redundado más bien para el adelanto del
evangelio (1:12).*

- Estar en la cárcel le ayudó a difundir el Evangelio, en lugar
de lastimarlo (*1:12-14*).
  - o *"Guardia del palacio"* – El Evangelio se está
extendiendo en el ejército romano (*1:12-14*).

- o *"Todo el resto"* – El Evangelio se estaba extendiendo más allá de la prisión de Pablo a otras partes de Roma.
  - o *"Animados a hablar"* – Otros creyentes también estaban compartiendo el Evangelio con valentía (*1:14*).
- La predicación debe ser motivada correctamente (*1:15-18*).
  - o *"Por envidia y contienda," "ambición egoísta," "añadir aflicción"* – Algunos predicadores buscaban atención y causaron problemas a Pablo (*1:15-16*).
  - o *"Buena voluntad," "por amor"* – Otros tenían mejores motivos (*1:15, 17*).
  - o *"Solamente que de todas maneras"* – Pablo se alegró de ver el Evangelio extendiéndose, incluso cuando el motivo de predicar no era puro (*1:18*).

B. <u>Traiga gloria a Cristo</u> (*1:19-26*) (Ver *Ef. 6:19-20*).
  - Pablo tiene una actitud positiva porque sabe que Dios obrará (*1:19*).
    - o *"Resultará en mi liberación"* – Esta palabra también se traduce a *"salvación" "sanación"* o *"rescate del peligro."* [4]
    - o *"El vivir es Cristo y el morir es ganancia"* – Aunque Pablo muera en la cárcel, la vida de Pablo traería gloria a Dios (*1:21-24*). (Ver *2 Co. 5:1, 8*).

Por lo tanto, espero enviarle en cuanto yo vea cómo van mis asuntos; pero confío en el Señor que yo también iré pronto a vosotros (2:23-24).

- o *"Carne"* – En este versículo, la palabra simplemente significa el cuerpo físico. Pablo pone las necesidades de los filipenses por encima de su propio deseo de estar con Cristo (*2:24*).
- o *"Progreso y gozo en la fe"* – Después de venir a Cristo, los cristianos crecen para ser más maduros en Cristo (*2:26*). (Ver *1:9*).

3. Un llamado a la conducta digna (*1:27-2:18*)

A. <u>Luche por la unidad de los cristianos en el Evangelio</u> (*1:27-30*)

- *"Conducta"* – Filipos era una colonia romana. Los ciudadanos comprendieron las responsabilidades de la ciudadanía. Viva en este mundo como ciudadano del reino celestial.[5] (Ver E*f. 4:1*).
- *"Indicio de perdición"* – Con sus vidas, los cristianos demuestran que el Evangelio es verdadero (*1:28*).

B. <u>Comparta una actitud humilde</u> (*2:1-11*)

- Los creyentes deberían buscar la unidad a través de la humildad.

No hagáis nada por rivalidad ni por vanagloria, sino estimad humildemente a los demás como superiores a vosotros mismos (2:3).

  o Un examen honesto de conciencia guía a la humildad (*2:4-5*). (Ver *1 Co. 13:5; Ro. 15:1-2*).
- Comparta la actitud de Cristo (*2:5-11*).

Haya en vosotros esta manera de pensar d que hubo también en Cristo Jesús: Existiendo en forma de Dios, él no consideró el ser igual a Dios como algo a qué aferrarse; sino que se despojó a sí mismo, tomando forma de siervo, haciéndose semejante a los hombres; y hallándose en condición de hombre, se humilló a sí mismo haciéndose obediente hasta la muerte, ¡y muerte de cruz! (2:5-8).

  o *"Forma de Dios"* – la manera en que algo existe, lo que realmente es. Cristo era completamente Dios (*2:6*).
  o *"Se despojó a sí mismo"* – Cristo no dejó de ser Dios. En lugar de eso, él renunció a la gloria de ser Dios (*2:7*). (Ver *Jn. 17:5; 2 Co. 8:9*).
  o *"Semejante a los hombres"* – Jesús no simplemente no se parecía a un ser humano. Él era un ser humano (Ver *Jn. 1:14; Ro. 8:3, He. 2:17*).

Palabra clave

Humildad: Como Dios, Jesús mantuvo una posición de poder. Se cambió a una posición de debilidad. Él no se jactó o hizo reclamos. En lugar de eso, Él se hizo a sí mismo inferior y se hizo siervo. *Fil. 2:5-11* es el pasaje más famoso en el Nuevo Testamento sobre la humildad.

Por lo cual también Dios lo exaltó hasta lo sumo y le otorgó el nombre que es sobre todo nombre; para que en el nombre de Jesús se doble toda rodilla de los que están en los cielos, en la tierra y debajo de la tierra; y toda lengua confiese para gloria de Dios Padre que Jesucristo e es Señor (2:9-11).

- o Jesús se humilló. Dios lo resucitó. Cristo es el Señor (*2:9*). (Ver *Mt. 28:18; Hch. 2:33; Is. 52:13*).
- o Un día todos adorarán a Cristo (*2:10*).
- o *"Confesar"* – un verbo fuerte que significa "estar de acuerdo con," Todos estarán de acuerdo que lo que Dios ya ha dicho es la verdad (*2:11*).[6]

Use sus propias palabras para explicar Filipenses 2:5-11.

- • Responder al ejemplo de Cristo (*2:12-18*).
  - o *"Ocupaos en vuestra salvación"* – Esta frase proviene de la idea de excavar plata de las minas.[7] El regalo de la salvación está en proceso. El creyente está involucrado (*2:12*). (Ver *Mt. 24:13; 1 Co. 9:24-27; He. 3:14; 6:9-11; 2 P. 1:5-8*).
  - o *"Dios quien obra en vosotros"* – Nosotros dependemos del poder de Dios (*2:13*).
  - o *"Derramado"* – Pablo se derramó como una ofrenda de vida para los Filipenses (*2:17*). (Ver *Ex. 29:38-41* para el antecedente del Antiguo Testamento).
  - o Pablo se negó a hacer algunas cosas.

- Pablo se negó a vivir en el *fingimiento y el orgullo* (*2:3-8; 3:3-13; Gá. 6:14*). Pablo no se jactó de su observancia de la ley, raza, fervor religioso, o rango.
- Pablo se negó a vivir en el pasado (*3:13-14*). Los fracasos del pasado nos pueden paralizar por el miedo al fracaso del futuro y la falta de autoestima. El éxito pasado nos puede inflar y sentirnos satisfechos.
- Pablo se negó a vivir pasivamente (*3:11-14*). Fíjese en las palabras agresivas: "Prosigo adelante," "me agarro de," "me esfuerzo." Pablo usa en otros libros palabras como luchar, correr, golpear, y pelea.
- Pablo se negó a vivir una *vida sin poder* (*3:10, 4:13*). *Por cualquier medio*, Pablo quiere este poder.
- Pablo se negó a vivir una Vida sin *paz* (*4:1-3; 6-7, 9-11*). Él quiere la paz dentro de la iglesia entre la gente (*2:1-4; 4:1-3*). Él quiere la paz en su propio corazón (*4:6-7*).
- Pablo se negó a vivir una Vida sin *oración* (*4:6*).
- Pablo se negó a vivir una Vida sin *alabanza* (*4:4, 8, 20, Neh. 9:10*). Considere la frecuencia con que Pablo usa palabras *alegría, regocijo* y *agradecimiento*. Él da gloria a Dios y al pueblo de Dios.

C. <u>Timoteo y Epafrodito son ejemplos de servicio fiel</u> (*2:19-30*)
- Timoteo estaba con Pablo en su segundo viaje misionero. Ellos fundaron la iglesia en Filipos juntos (Ver *Hch. 16:1; 18:5; 19:22*).
- Pablo planea enviar a Timoteo a Filipos. Los filipenses conocían bien a Timoteo (*2:23-23*).
- Epafrodito vino de Filipos. Los filipenses le enviaron a Pablo con un regalo (Ver *4:18*).
- Mientras él estaba en Roma, Epafrodito estaba muy enfermo. Pablo enfatiza el trabajo de Epafrodito por el Evangelio (*2:27-29*).

4. Pablo rechaza al mundo (*3:1-21*)

A. <u>Pablo pone su confianza en Cristo</u> (*3:1-11*)
- Regocíjese en el Señor, no en los esfuerzos humanos (*1:1-6*).
  - o *"Perros"* – una palabra dura para describir a aquellos que trabajan en contra del Evangelio (*3:2-3*).
  - o *"Circuncisión"* – la verdadera circuncisión es por fe (*3:3*). (Ver *Ro. 2:28-29*).

  Si alguno cree tener de qué confiar en la carne, yo más (3:4b).

  - o Si el esfuerzo humano pudiera salvar, Pablo sería el mejor de acuerdo a la ley judía (*3:4-6*).
- Considere todo de acuerdo a Cristo, no a las normas humanas (*1:7-11*).

Pero las cosas que para mí eran ganancia, las he considerado pérdida a causa de Cristo. Y aún más: Considero como pérdida todas las cosas, en comparación con lo incomparable que es conocer a Cristo Jesús mi Señor. Por su causa lo he perdido todo y lo tengo por basura, a fin de ganar a Cristo y ser (3:7-9).

  - o *"Pérdida," "basura"* – cosas que no tienen más uso. Conocer que Jesús es más valioso que cualquier otra cosa (*3:7-9*). (Ver *Is. 64:6*).
  - o *"Una justicia mía"* – Pablo rechaza los intentos humanos de estar bien con Dios. La verdadera justicia viene por fe (*3:9*).
  - o *"Haya alcanzado"* – Aquí que esta frase significa "llegar a." Pablo espera experimentar la resurrección, porque está unido a Cristo (*3:11*). (Ver *1 Co. 15:1-34*).

Enumere algunas cosas que las personas no quieren "contar como pérdida."

Del ejemplo de Pablo, ¿qué pasa cuando queremos a Jesús más que cualquier otra cosa?

B. <u>Pablo mira hacia adelante, no hacia atrás</u> (*3:12-21*)

...pero una cosa hago: olvidando lo que queda atrás y extendiéndome a lo que está por delante, 14 prosigo a la meta hacia el premio del supremo llamamiento de Dios en Cristo Jesús (3:14).

* Pablo prosigue hacia la meta (*3:12-16*).
  * *"Alcanzado"* – El versículo *12* usa una palabra griega diferente que en el *3:11*. Aquí significa "ganar posesión de."[8]
  * *"Premio"* – En una carrera, el ganador recibe un premio. El cristiano recibe la vida eterna (*3:14*). (Ver *1 Co. 9:24*).
  * *"En la medida en que hemos llegado"* – adquirimos la práctica de la verdad a medida que continuamos creciendo.
* Nuestra ciudadanía está en los cielos (*3:17-4:1*).
  * *"Los enemigos de la cruz"* – Pablo llora por aquellos que predican la ley y no la gracia (*3:18-19*).

Porque nuestra ciudadanía está en los cielos, de donde también esperamos ardientemente al Salvador, el Señor Jesucristo. El transformará nuestro cuerpo de humillación para que tenga la misma forma de su cuerpo de gloria (3:20-21).

o Vivimos en este mundo, pero somos ciudadanos del cielo.

o Ver *3:10 "conformado a su muerte."* Aquí los creyentes son conformados a la vida de Cristo. Tendremos cuerpos resucitados (*3:21*).

C. <u>Unidos y alegres en la oración</u> (*4:1-9*)

- *"Evodia"* y *"Síntique"* – las mujeres en Filipos que no estaban de acuerdo con los demás. Pablo no está de acuerdo con uno u otro. Él simplemente les insta a resolver sus problemas (*4:2-3*).
- *"Regocijaos en el Señor siempre"* – Incluso cuando sufrimos, podemos regocijarnos (*4:4*). (Ver *Hab. 3:17-18*).

Palabra clave:

Gozo, Regocijo: el gozo no viene de las circunstancias. Viene de Cristo. Cuando Pablo requiere gozo, él requiere fe (en el Señor.). (Ver *1 Ts. 5:16; Ro. 12:12; Sal. 85:6.*). La verdadera alegría no es lo que nosotros perseguimos, sino el resultado de estar en una relación correcta con Dios el Padre, a través de Jesús el Hijo, en la plenitud del Espíritu Santo.

Vuestra amabilidad sea conocida por todos los hombres. ¡El Señor está cerca! (4:5).

- El Señor puede regresar en cualquier momento. Este es el próximo gran evento en el plan de salvación de Dios (*4:5*). (Ver *Ro. 13:11; Stg. 5:8-9; Ap. 22:7, 12, 20*).

Palabra clave:

Paz: Esta palabra aparece en cada libro en el Nuevo Testamento, excepto en 1 Juan. La paz interior viene de la fe en Cristo. La oración correcta y el pensamiento correcto producirán la paz de Dios que gobierna sobre nuestros corazones y mentes sin importar las dificultades que enfrentamos.

- *"en esto pensad"... "esto haced"* – Lo que pensamos se mostrará en nuestras acciones (*4:8-9*).

¿Cómo puede hacer el gozo una diferencia en el sufrimiento?

¿Cómo puede hacer el gozo una diferencia en el servicio?

5. Las bendiciones y la bendición (*4:10-23*)

    A. <u>Las bendiciones para Pablo</u> (*4:10-18*)
- El donativo de los filipenses ha bendecido a Pablo. Más allá de todo Pablo está contento, él se goza en su donativo.
- Pablo alaba la atención de los filipenses hacia él, ya que representa el fruto espiritual en sus vidas (*4:17*).

    B. <u>Bendiciones para los Filipenses</u> (*4:19-20*)
- Dios cuidará de los Filipenses, con Sus riquezas en gloria (Ver *Ef. 1,18; 3:16-20*).

    C. <u>Bendición tradicional y saludos</u> (*4:21-23*)

El contentamiento piadoso es lo opuesto a la codicia. Un corazón codicioso puede causar que una persona rompa todos los Diez Mandamientos. Vea si puede enumerar cada uno de los mandamientos y explicar cómo podríamos romperlos a causa de la codicia.

1.

2.

3.

4.

5.

6.

7.

8.

9.

10.

Sugerencias para la predicación de Filipenses

- Busque las maneras de encontrar el gozo en nuestra vida cotidiana.

- Explore cómo la humildad y el auto-sacrificio conecta la vida con otros cristianos y con los no creyentes.

Capítulo 7

Colosenses

La iglesia de Colosas muy probablemente se creó por medio del ministerio de Pablo en Éfeso. Colosas estaba a cien millas al este de Éfeso. Pablo se quedó en Éfeso durante tres años. Un hombre llamado Epafras se convirtió al cristianismo y llevó el Evangelio a Colosas (*1:7-8; Hch. de 19:10*). Esto hizo a Pablo "el abuelo" de la iglesia de Colosas. Los cristianos de Colosas eran no-judíos. Pablo escribió a los Colosenses mientras él estaba preso en Roma, alrededor del año 60 DC. Pablo también escribió las cartas a los Efesios, Filipenses y Filemón, mientras que él estaba en Roma.[1]

Los colosenses habían caído en una falsa enseñanza que mezcló varias filosofías humanas. Estos incluían la ley judía, la religión griega y los cultos de misterio. En el siguiente siglo, esta falsa enseñanza sería llamada "Gnosticismo." Los Gnósticos dijeron que Cristo no tenía un cuerpo. Ellos separaron el área espiritual de la realidad física. En respuesta a estas malas enseñanzas, Pablo hizo énfasis en que Cristo es supremo en todo y en todos los sentidos, incluyendo la salvación.

Qué esperar:
Palabras claves: imagen, plenitud, primogénito, misterio, sabiduría.

La falsa enseñanza y la verdadera corrección

Sugerencia: Abra su Biblia en Colosenses para que pueda seguir las lecturas.

1. **La supremacía de Cristo en la vida de los Colosenses (*1:1-14*)**

    A. <u>Pablo agradece a Dios por la fe de los Colosenses en Cristo</u> (*1:3-8*)
       - Introducción
         - Pablo se llama a sí mismo apóstol de Jesucristo. Cristo es el centro de la carta desde un principio (*1:1*).

- o *"Santos"* – pueblo santo, apartados para Dios. Los creyentes no son santos porque sean perfectos. Son santos porque ellos pertenecen a Dios (*1:2*).
- Pablo expresa cuidado y amor para los Colosenses (*1:3*).
- Pablo ha oído informes de su fe y amor (*1:4-6*).
  - o Pablo a menudo usa *"fe," "amor"* y *"esperanza"* juntos (Ver *Ro. 5:2-5; 1 Co. 13:13; 1 Ts. 1:3; 5:8*).
    - La *fe* está en Jesucristo.
    - El *amor* muestra que la fe es genuina.
    - La *Fe* y el *Amor* resultan de la esperanza segura de salvación, el Evangelio.
- Los colosenses son un ejemplo del fruto del Evangelio (*1:7-8*).
  - o Epafras, quien llevó el Evangelio a Colosas, también le expresó a Pablo el amor de ellos.

Lea Colosenses 1:3-11. Escriba su opinión sobre el ejemplo que Pablo da para orar por demás.

B. <u>Pablo ora para la comprensión de los Colosenses</u> (*1:9-14*)
- Pablo quiere que los Colosenses tengan sabiduría y comprensión (*1:9*).
  - o *"Lleno"* – plenitud.
  - o El conocimiento de la voluntad de Dios viene a través de la comprensión espiritual. El Espíritu Santo está obrando.
  - o Esta es una oración excelente para orar por amigos y familiares.

Palabra clave
Sabiduría: El entendimiento profundo o el conocimiento que Dios da a aquellos que están cerca de Él (*1:9; 1:28; 2:3; 2:23, 3:16, 4:5*).

- El resultado de este conocimiento y sabiduría es una vida que agrada a Dios. Dios da la fuerza de Su propio poder (*1:10-11*).
- Pablo resume la redención. Dios nos salva, y los creyentes tienen cambios. Nos movemos de la oscuridad a la luz (*1:12-14*).

2. Cristo es supremo en Su naturaleza y obra (*1:15-29*)

A. <u>Cristo es supremo sobre todas las cosas</u> (*1:15-20*)
- Dios es invisible, pero Cristo nos muestra a Dios de manera precisa. Si queremos ver cómo es Dios, miremos a Jesús.
- Cristo es supremo sobre la creación.
  - o Él no es un ser creado. Él tomo parte de la creación (*1:15-16*).
  - o Cristo existió antes de la creación (*1:17*).
- Cristo es supremo sobre todas las cosas, incluyendo la iglesia (*1:18*).

Por cuanto agradó al Padre que en él habitase toda plenitud, y por medio de él reconciliar consigo todas las cosas, así las que están en la tierra como las que están en los cielos, haciendo la paz mediante la sangre de su cruz (1:19 - 20).

- *"La plenitud"* – Cristo tiene la naturaleza divina completa. Él es completamente Dios. Es una imagen completa de Dios (*1:19*).
- *"Reconciliar consigo todas las cosas"* (*1:20*).
  - o Esto no significa que todas las personas son salvas. Cristo hizo lo posible para que nosotros tengamos paz con Dios, pero no todos creen.
  - o En el futuro, Dios redimirá el mundo físico (Ver *Ro. 8:19-20*).

Palabra clave
Primogénito: un título de honor que demuestra que Jesús es supremo. Él es el primero sobre la creación y el primero en la resurrección.

La falsa enseñanza y verdadera corrección

Los falsos maestros dijeron que Cristo era un espíritu entre muchos. Pablo dice que Cristo es supremo sobre todas las cosas. Los falsos maestros dijeron que Jesús no tenía un cuerpo físico. Pablo dice que la redención vino a través de la muerte física de Cristo.

    B. <u>La obra de Cristo es gloriosa</u> (*1:21-23*)
- Pablo hace énfasis en que la salvación viene a causa de la muerte física de Cristo (*1:21-22*).

Y a vosotros también, que erais en otro tiempo extraños y enemigos en vuestra mente, haciendo malas obras, ahora os ha reconciliado en su cuerpo de carne, por medio de la muerte, para presentaros santos y sin mancha e irreprensibles delante de él (1:21-22).

- o La reconciliación es completa. La prueba es una fe permanente (*1:22*). (Ver *2 Co. 5:18*).
- o Este es el corazón del Evangelio (*1:23*). (Ver *Ef. 3:17*).

3. Cristo es supremo en el ministerio de Pablo (*1:24-2:7*)

    A. <u>Cristo motiva el ministerio de Pablo</u> (*1:24-27*)
- *"cumplo en mi carne lo que falta" – 1:24.*
  - o Puesto que Cristo sufrió, los creyentes pueden esperar el sufrimiento (Ver *2 Co. 1:5; 4:11*).
  - o Pablo sufrió una y otra vez por Cristo (Ver *2 Co. 11:23-27*).
- *"El misterio que había estado oculto"* – El ministerio de Pablo proclama el misterio de la muerte de Cristo y el plan de Dios para la salvación (*1:25-27*). (Ver *2 Co. 2:14*).

Palabra clave

Misterio: Los falsos maestros utilizaron esta palabra para referirse a información secreta. Pablo usa la palabra para referirse a la verdad que Dios reveló en Cristo.

B. <u>El objetivo de Pablo es la correcta enseñanza sobre el Evangelio</u> (*2:1-7*)

- El verdadero conocimiento une a las personas en el amor (*2:1-2*).
- La comprensión cabal resulta de ver a Dios revelado en Cristo, quien es Dios (*2:3*). (Ver *1 Co. 1:24, 30*).

...para que unidos en amor, sus corazones sean reanimados hasta lograr toda la riqueza de la plena certidumbre de entendimiento, para conocer el misterio de Dios, es decir, Cristo mismo. En él están escondidos todos los tesoros de la sabiduría y del conocimiento (2:2-3).

- Pablo advierte contra las falsas enseñanzas. Aunque él no esté con los Colosenses físicamente, él quiere ver una fe firme en ellos (*2:4-5*).

La falsa enseñanza y la verdadera corrección

Los maestros falsos dijeron que Cristo fue Dios sólo en parte. Pablo dice que Cristo fue totalmente Dios. Los falsos maestros dijeron que sólo algunas personas podrían saber la verdad. Pablo dice que la sabiduría de Dios en Cristo es para todos los que creen.

- La vida cristiana está arraigada en Cristo y continúa creciendo. Todos los creyentes viven en Cristo (*2:6-7*).

4. Cristo es superior a las falsas religiones (*2:8-23*)

A. <u>Cristo es superior a la falsa filosofía</u> (*2:8-15*)

- Pablo advierte contra la filosofía que no depende de la verdad de Cristo (*2:8*).

Porque en él habita corporalmente toda la plenitud de la Deidad; y vosotros estáis completos en él, quien es la cabeza de todo principado y autoridad (Col. 2.9-10).

o *"Físicamente"* – En Cristo, Dios se hizo hombre. Dios no se divide entre varios seres espirituales (*2:9-10*).

Palabra clave
Plenitud: nada falta en Cristo.

- Pablo conecta la circuncisión espiritual y el bautismo como señales de la obra que Cristo hace al traer una nueva vida (*2:11-15*).

Mientras vosotros estabais muertos en los delitos y en la incircuncisión de vuestra carne, Dios os dio vida juntamente con él, perdonándonos todos los delitos (2:13).

o La salvación no es por medio de ceremonias humanas (*2:11*). (Ver *Dt. 10:16; Ro. 6:6; 7:24*).
o La salvación es por el poder supremo de Dios (*2:12, 15*). (Ver *Ef. 1:19-20*).

¿Cuál es la diferencia entre una enseñanza que es una interpretación diferente y una enseñanza que es falsa? Discuta.

B. <u>Cristo es superior a la falsa adoración</u> (*2:16-19*)
- Las leyes ceremoniales del Antiguo Testamento no traen la salvación. Ellos son sólo una sombra de la salvación que vino de Cristo (*2:16*).

Nadie os prive de vuestro premio, fingiendo humildad y culto a los ángeles, haciendo alarde de lo que ha visto, vanamente hinchado por su mente carnal (2:18).

- *"Falsa humildad"* – Los falsos maestros estaban orgullosos de su humildad.

o Ellos dijeron que los seres humanos deben acercarse a Dios a través de los ángeles (*2:18*).

o Una *"mente espiritual"* anima a la falsa adoración.

Los falsos maestros y la verdadera corrección

Los falsos maestros dijeron que la salvación vino a través de seguir rituales. Pablo dice que Cristo es todo lo que necesitamos. Los falsos maestros dijeron que debemos seguir reglas para evitar el pecado. Pablo dice que seguir las reglas no controla los deseos pecaminosos.

C. <u>Cristo es superior a la falsa auto-negación</u> (*2:20-23*)

- Con Cristo, los creyentes murieron a las falsas enseñanzas de este mundo. ¿Por qué deberían vivir bajo reglas sobre la negación de sí mismo? (*2:20-21*).

De hecho, semejantes prácticas tienen reputación de ser sabias en una cierta religiosidad, en la humillación y en el duro trato del cuerpo; pero no tienen ningún valor contra la sensualidad. (2:23).

- Las reglas podrían aparentar la sabiduría, pero no tienen ningún valor real (*2:22-23*).
    - o Los falsos maestros inventaron las reglas para que los cristianos la sigan.
    - o Las reglas no están mal, pero siguiéndolas no alcanzamos la salvación.
    - o Es inútil seguir reglas para quitarnos el deseo de pecar. Aun cuando no pequemos, todavía queremos hacerlo (Ver *Ro. 7*).

Resuma aquí los tipos de falsas enseñanzas que Pablo corrigió.

5. Cristo es supremo en la vida cristiana (*3:1-4:6*)

A. <u>Cristo es el fundamento de la vida del creyente</u> (*3:1-4*)
- Pablo explica cómo la correcta enseñanza conduce a una vida correcta (*3:1*).
- Los creyentes se enfocan en lo que es verdadero en el cielo, donde está Cristo (*3:2*).
  - *"Escondida con Cristo"* – Dios ya ha hecho nuestra verdadera salvación.
  - Cristo está viniendo otra vez y compartiremos Su gloria (*3:3*)

A medida que lee los capítulos 3 y 4, haga dos columnas. En una columna escriba las actitudes y acciones que Pablo dice mostrar las "viejas formas". En la otra columna escriba las actitudes y acciones que muestren las "nuevas formas."

Antiguo   **Nuevo**

B. <u>La vida del creyente en Cristo muestra una nueva naturaleza</u> (*3:5-17*)
- Deje de lado las viejas costumbres que pertenecen a la naturaleza terrenal (*3:5-11*). (Ver *2 Co. 5:7; Ro. 8:9-11*).

o Viejos comportamientos: fornicación, impureza, bajas pasiones, malos deseos, avaricia.
o Todas estas cosas merecen la ira de Dios.

En ellas anduvisteis también vosotros en otro tiempo cuando vivíais entre ellos Pero ahora, dejad también vosotros todas estas cosas: ira, enojo, malicia, blasfemia y palabras groseras de vuestra boca (3:7-8).

o Pablo recuerda a los Colosenses que estas cosas son de la antigua vida.
  ▪ *"Dejad"* – como si se quita la ropa sucia.
o Los creyentes son renovados a imagen de Dios, sin importar sus antecedentes. La iglesia no debería tener barreras para excluir a nadie de la salvación de Dios.
  ▪ *"Bárbaro"* – cualquier persona que no hablaba griego.
  ▪ *"Escita"* – conocido por su brutalidad.
* Acepte las nuevas formas de Cristo (*3:12-14*).
  o Esta es una imagen de quitarse la ropa vieja y ponerse la ropa nueva (Ver *Ef. 4:22*).

Por tanto, como escogidos de Dios, santos y amados, vestíos de profunda compasión, de benignidad, de humildad, de mansedumbre y de paciencia (3:12).

o Estas nuevas actitudes reflejan la obra de Dios en el pueblo escogido para la salvación eterna (Ver *Gá. 5:22-23*).
o Recuerde lo mucho que Dios lo ha perdonado. Entonces, perdone a los demás (*3:13-14*).

Pero sobre todas estas cosas, vestíos de amor, que es el vínculo perfecto (3:14).

* Deje que gobierne la paz de Cristo (*3:15-17*).

Y la paz de Cristo gobierne en vuestros corazones, pues a ella fuisteis llamados en un solo cuerpo; y sed agradecidos. La palabra de Cristo habite abundantemente en vosotros, enseñándoos y amonestándoos los unos a los otros en toda sabiduría con salmos, himnos y canciones espirituales, cantando con gracia a Dios en vuestros corazones (3:15-16).

- o Sólo Cristo da esta actitud de paz. Nosotros no lo podemos encontrar en alguna otra parte.
- o *"Regla"* – semejante a un oficial, como en un juego atlético.
- o *"La Palabra de Cristo"* – Los primeros cristianos sólo tenían las Escrituras del Antiguo Testamento. Las enseñanzas adicionales acerca de Cristo fueron comunicadas oralmente de persona a persona (Ver *Ef. 5:19*).
- o Algunas enseñanzas importantes fueron escritas como canciones de alabanza a Dios (Ver *Ef. 5,14; Fil. 2:6-11; 1 Ti. 3:16*).
- o Honre a Cristo en todo lo que hace (*3:17*).

C. <u>Cristo es supremo en las relaciones</u> (*3:18-4:6*)
- • Las relaciones familiares (*3:18-21*).
  - o Esposos y esposas.
    - ▪ *"sométase"* – un término militar que indica someterse libremente a la autoridad de otra persona.
    - ▪ Responsabilidad mutua para someterse y amar.
  - o Padres e hijos.
    - ▪ Hijos obedezcan, y padres traten a los hijos con amor y respeto.
- • Las relaciones de negocios: amos y siervos (*3:22-4:1*).
  - o La esclavitud era común en el momento, pero no es el principio fundamental de la enseñanza de Pablo.
  - o Los trabajadores: trabajen como si Cristo fuera su amo (*3:23-24*).
  - o Los empleados: sean justos y equitativos (4:1).

o Pablo habla más acerca de los amos y esclavos que sobre las familias. Esto pudo deberse a un esclavo, Onésimo, quien ayudaría a entregar la carta (Ver *4:9* y Filemón).

Y todo lo que hagáis, hacedlo de buen ánimo como para el Señor y no para los hombres, sabiendo que del Señor recibiréis la recompensa de la herencia. ¡A Cristo el Señor servís! (3:23-24).

- Las relaciones personales (*4:2-6*).
  o Pablo anima a la oración y pide oración. Su oración trata de continuar proclamando el misterio de Cristo (*4:2-3*).
    ▪ Él quiere hacer claro el misterio. Nuevamente hace referencia al tema de que Cristo es supremo sobre las falsas religiones.
  o Los creyentes deben tener cuidado con sus vidas públicas.
    ▪ Esté dispuesto para compartir acerca de Cristo.

Andad sabiamente para con los de afuera, redimiendo el tiempo. Vuestra palabra sea siempre agradable, sazonada con sal, para que sepáis cómo os conviene responder a cada uno (4:5-6).

    ▪ En el discurso, use la gracia como condimento, como la sal. Así como la sal resalta el sabor, el discurso agradable trae oportunidades para hablar de Cristo. Podemos hacer esto de manera apropiada.

6. Saludos finales (*4:7-18*)

A. <u>Pablo envía a Tíquico y Onésimo con su carta</u> (*4:7-9*)
- Tíquico fue amigo de Pablo. Él estaba con Pablo parte de su tercer viaje misionero (*Hch. 20:4*).
- Onésimo era un esclavo. Él se escapó de su amo en Colosas. Se convirtió en cristiano en Roma. Pablo escribió una carta separada para Filemón.

B. <u>Pablo envía saludos de la gente con él en Roma</u> (*4:10-15*)

- Aristarco viajó con Pablo en su tercer viaje misionero (*Hch. 19:29; 20:4*).
- Marcos viajó con Pablo durante su segundo viaje. Él escribió el Evangelio de Marcos.
- Epafras había comenzado la iglesia de Colosas. Él había enviado un informe a Pablo.
- Lucas, un médico, viajó con Pablo y estaba con él en Roma. Lucas escribió el Evangelio de Lucas y el libro de los Hechos.

C. <u>Instrucciones finales</u> (*4:16-18*)

- Pablo pide que su carta sea compartida con otras iglesias (*4:16*).
- Un mensaje especial para Arquipo, un compañero de trabajo (*Flm. 2*).
- La firma personal de Pablo garantizaba que la carta era real.

Sugerencias para la predicación de Colosenses

- Explore los temas principales: Cristo es Dios, Cristo es la cabeza de la iglesia, los creyentes tienen unión con Cristo.

- Explore las falsas enseñanzas y las buenas correcciones que Pablo habla a lo largo del libro. ¿Cómo están presentes hoy estas falsas enseñanzas en su país?

- Estudie cómo debería afectar lo que creemos a nuestras acciones y relaciones.

Capítulo 8

1 Tesalonicenses

Tesalónica era la capital de Macedonia. Estaba sobre la Vía Ignacia. Esta fue la principal carretera entre Roma y las partes orientales del Imperio. Pablo visitó Tesalónica en su segundo viaje misionero. Fue a esta región porque tuvo una visión de Dios. En la visión, un hombre de Macedonia invitó a Paul a venir (Ver *Hch. 16:9-10*). Primero fue a Filipos, y luego a Tesalónica.

Pablo predicó durante tres días de reposo en la sinagoga judía. La mayoría de los nuevos creyentes eran gentiles, pero los judíos también creyeron. Sin embargo, algunos judíos estaban en contra de Pablo. Una multitud inició un disturbio. Ellos fueron a la casa de Jasón, donde Pablo se hospedaba, cuando no pudieron encontrar a Pablo, ellos tomaron a Jasón antes que los oficiales de la ciudad. Como resultado, los cristianos enviaron a Silas hacia Pablo (Ver *Hch. 17:1-5*).

Pablo envió a Timoteo de regreso a Tesalónica. Timoteo trajo un informe de Pablo con preguntas que tenía la iglesia. Pablo escribió 1 Tesalonicenses desde Corinto alrededor del año 51 DC. La carta habla sobre muchos temas, incluyendo la Trinidad, la deidad de Cristo, las Escrituras, la segunda venida de Cristo y la Resurrección. La carta dio a los lectores una base sólida de la doctrina. Pablo escribió 2 Tesalonicenses ese mismo año o el siguiente. Sin embargo, la falsa enseñanza se presentó en la iglesia. En la segunda carta, Pablo corrige una enseñanza equivocada sobre el regreso de Cristo.

Qué esperar:
Palabras claves: venida, santificación.

Sugerencia: Abra su Biblia en 1 Tesalonicenses para que pueda seguir las lecturas.

1. **Pablo anima a la Iglesia (*1:1-10*)**

   A. <u>Saludos para la Iglesia, la reunión de los creyentes</u> (*1:1-2*)

B. <u>Acción de gracias por la fidelidad</u> (*1:3-5*)

- *"Obra de vuestra fe, trabajo de vuestro amor, y perseverancia de vuestra esperanza"* – Las palabras *"fe,"* *"amor"* y *"esperanza"* aparecen juntos muchas veces en el Nuevo Testamento (*1:3*). (Ver *Ro. 5:1-5; 1 Co. 13:13; Gá. 5:5-6; Col. 1:4-5, He. 6:10-12, 1 P. 1:3-8, 21-22*).
  - o La fe conduce a la acción.
  - o La esperanza es confianza firme. La fe produce esperanza. La esperanza espera, mira hacia adelante y recibe lo que nosotros creemos que Dios prometió.
- *"Conocer... vuestra elección"* – Pablo da gracias por lo que Dios está haciendo (*1:4-5*).
  - o Dios escogió a los creyentes (*1:4*). (Ver *Col. 3:12*).
  - o El Evangelio proviene de Dios. Nosotros predicamos, pero el Espíritu Santo cambia los corazones. El predicador solo puede predicar al oído. El Espíritu Santo debe hablar al corazón (*1:5*). (Ver *2 Co. 6:6*).

C. <u>Siguiendo el ejemplo</u> (*1:6-10*)

- Los tesalonicenses recibieron el Evangelio y siguieron el ejemplo de Pablo (*1:6*).
- Ellos mismo se convirtieron en ejemplos. El Evangelio se extendió por toda la región (*1:7-8*).
- Otras personas informaron a Pablo las buenas noticias de los Tesalonicenses (*1:9-10*).
  - o *"Convertido de los ídolos"* – La mayoría de la gente en la iglesia en Tesalónica probablemente eran gentiles (*1:9*).
  - o *"Esperar a Su Hijo"* – Debido a su nueva fe, ellos ansiosamente esperaban el regreso de Jesús (*1:10*). (Ver *1 Ts. 1:5; 2 Co. 7:2*).

2. Pablo explica su ministerio en Tesalónica (*2:1-12*)

A. <u>Pablo quiere agradar a Dios, no a los humanos</u> (*2:1-4*)

- Algunas personas hablaron en contra de Pablo después que él salió (*2:1*).
- La iglesia es una prueba de que el Evangelio prevaleció (*2:2*).
- Dios le dio el Evangelio a Pablo. Pablo dio el mismo Evangelio a los Tesalonicenses (*2:3*).

Más bien, según fuimos aprobados por Dios para ser encomendados con el evangelio, así hablamos; no como quienes buscan agradar a los hombres, sino a Dios quien examina nuestros corazones (2:4).

¿Qué nos dice la fe de los tesalonicenses acerca de cómo se extiende el Evangelio?

B. <u>Pablo señala el propósito de su ministerio</u> (*2:5-12*)
- Pablo niega que él tuviese malas intenciones. Él no predicó *"palabras lisonjeras,"* o buscó la *"gloria de los hombres."* Él no pidió nada (*2:5-6*).
- El predicó del amor (*2:7-10*).
  - *"Como la nodriza"* – imagen de la ternura de una madre (*2:7-9*).
  - *"Como el padre a sus propios hijos"* – Pablo sirvió de consuelo y desafío, como un padre (*2:10-12*).
  - Sus acciones eran irreprochables. Él sólo pensaba en los Tesalonicenses (*2:12*). (Ver *Fil. 1:6; Ef. 4:1; 1 Co. 1:9*).

...que anduvieseis como es digno de Dios, que os llamó a su propio reino y gloria (2:12).

3. Pablo ora por el crecimiento espiritual (*2:13-3:13*)

A. <u>Preocupación por el sufrimiento</u> (*2:13-16*)

- La iglesia en Tesalónica comenzó en conflictos.
  - o Hombres perversos trabajaron en contra de Pablo (Ver *Hch. 17:1-15*).
  - o Incluso en medio del conflicto, los creyentes aceptaron el Evangelio (*2:14*).
- Los creyentes en otros lugares también sufren (*2:14-15*).
  - o Ellos sufrieron porque se mantuvieron firme en la verdad de Dios (Ver *1 P. 4:16*).
  - o En la historia del Antiguo Testamento, el pueblo perseguía a los profetas que hablaban la verdad.
  - o El sufrimiento de Cristo no debería sorprender a los creyentes (Ver *2 Ti. 3:12*).
- Pablo también sufre (*2:15-16*).
  - o *"Nos han perseguido," "prohibiéndonos hablar,"* – el mismo Pablo sufrió.
  - o *"Vino sobre ellos la ira"* – En el fin del tiempo, Dios derramará la ira sobre la humanidad pecaminosa.[1]

¿Qué ánimo ofrece Pablo a las personas que sufren?

B. <u>Pablo quiere volver a Tesalónica</u> (*2:17-20*)
  - *"Apartado de vosotros"* – Esta palabra significa un niño que es separado de sus padres. Pablo demuestra su amor con esta palabra (*2:17-18*).
  - *"Satanás nos lo impidió"* – Satanás busca impedir la propagación del Evangelio. Nosotros debemos orar por la predicación de la Palabra de Dios, que Satanás no sea un obstáculo y que las puertas de oportunidad sean abiertos (Ver *1 Co. 16:9*).
  - *"Nuestra esperanza, gozo, o corona de orgullo"* – La gente de Tesalónica demuestra que la obra de Pablo por Cristo es la verdad.

C. <u>Pablo envía amor a través de Timoteo</u> (*3:1-8*)

- Si Pablo regresara a Tesalónica, podrían ocurrir problemas. En su lugar, envió a Timoteo, un *"hermano y ministro de Dios, y nuestro colaborador en el Evangelio."*
  - El propósito de Timoteo fue "afirmaros y animaros." Los tesalonicenses han aceptado el Evangelio. Ahora ellos tienen que crecer espiritualmente (*3:1-2*).
- El resultado será creyentes que permanecen firmes en tiempos de problemas (*3:3-5*).
  - *"Les dijimos antes..."* Pablo había advertido a los creyentes que los problemas vendrían (*3:3-4*).
  - *"Tentador," "tentado"* – Satanás tentó a Jesús (*Mt. 4:1-11*). Ahora él tienta a los cristianos (*3:5*).
- Timoteo da su informe (*3:6-8*).
  - *"Nos ha dado buenas noticias"* – El informe de Timoteo le dio consuelo a Pablo (*3:6-7*).

    Porque ahora vivimos, si efectivamente estáis firmes en el Señor (3:8).

  - Las palabras de Pablo muestran sus sentimientos profundos hacia los nuevos cristianos (*3:8*).

D. <u>Pablo da el crédito a Dios</u> (*3:9-13*)
  - Pablo no se olvidó de agradecer a Dios. Él no se atribuye el mérito por la fe de los creyentes (*3:9*).
  - *"Noche y día" "con gran insistencia"* – la oración frecuente. Una vez más, las palabras fuertes muestran sentimientos fuertes (*3:10*).
    - *"Completar lo que falta"* – Pablo quiere ver a los creyentes crecer en la fe.
  - Pablo ora a menudo en medio de una carta (Ver *Ef. 1:15-23; 3:14-21; Fil. 1:9-11, Col. 1:9-12*).
  - La oración de Pablo apunta a la acción de Dios.
    - *"El Señor os multiplique y os haga abundar"* – El amor define las relaciones de los cristianos (*3:12*).
    - *"A fin de confirmar"* – santo ante Dios, no sólo personas (*3:13*).

o *"Venida de nuestro Señor Jesús"* – el cumplimiento del plan de Dios para la salvación (*3:13*). (Ver *2 Ts. 2:17*).

Palabra clave

Venida: La palabra griega es parusía. Esto significa "presencia." En tiempos del Nuevo Testamento, la gente usaba la palabra para una visita especial de una persona importante. Los escritores del Nuevo Testamento utiliza la palabra para referirse a la segunda venida de Cristo cuando Él regrese como el Rey de todo (Ver *1 Ts. 3:13; 4:15; 5:23; 2 Ts. 2:1; 2:8; 2 P. 1:16*).[2]

4. Pablo dice a los creyentes que agraden a Dios con sus vidas (*4:1-12*)

Por lo demás, hermanos, os rogamos y exhortamos en el Señor Jesús que conforme aprendisteis de nosotros acerca de cómo os conviene andar y agradar a Dios, tal como estáis andando, así sigáis progresando cada vez más (4:1)

A. <u>Instrucciones sobre la moralidad</u> (*4:1-8*)
  - *"Apartaos de inmoralidad sexual"* – En el primer siglo, las normas sexuales eran muy bajas.[3] (Ver *1 Co. 5:1, 1 Co. 5:9-11*).
    o Las religiones paganas utilizaban la inmoralidad sexual como una forma de adoración.
    o La cultura romana tenía pocas reglas sobre la inmoralidad sexual.[4]
  - Pablo mantiene el alto estándar. La voluntad de Dios es que Su pueblo debería ser santo. No deberían tener los valores de los no creyentes.
    o Dios creó el cuerpo para un propósito santo (*4:7*). (Ver *Lv. 11:44*). Las relaciones sexuales fuera del matrimonio, deshonran a Dios.

Palabra clave

Santificación: La palabra significa "apartado" para Dios y Su uso. Ante los ojos de Dios, somos santos, por el sacrificio de Cristo. Al mismo tiempo, Dios sigue obrando en nosotros para hacernos santos (Ver *Ro. 6:19; Ro. 6:22; 1 Co. 1:30; 2 Ts. 2:13, He. 12:14*).[5]

B. <u>Instrucciones sobre el amor</u> (*4:9-10*)

- *"Amor"* – La palabra griega es *filadelfia*. En el Nuevo Testamento esto significa el amor de los creyentes entre sí. Jesús mandó a los cristianos a amarse (Ver *Jn. 13:34-35; 15:12, 17*).[6]

- Pablo exhorta a los creyentes a *"aumentar cada vez más"* en el amor.

C. <u>Instrucciones sobre la vida cristiana</u> (*4:11-12*)

- *"Vivir en tranquilidad"* – paz interior (*4:11*).

- *"Ocuparos en vuestros propios asuntos"* – Tal vez la gente esperaba que Jesús regresara pronto, así que no se ocuparon de sus responsabilidades (*4:11*).[7]

- *"Trabajar con vuestras propias manos"* – Los griegos pensaban que el trabajo era sólo para los esclavos. Los cristianos tomaron en serio el trabajo. Algunos, sin embargo, descuidaron su trabajo (*4:11*).
    o Pablo trabajó con sus manos. Hizo tiendas (Ver *Hch. 18:3; 1. Ts. 2:9*).
    o El objetivo de todas las cosas es honrar a Cristo (*4:12*).

D. <u>El regreso de Cristo</u> (*4:13-18*)

- *"Dormido"* – Algunos nuevos creyentes ya habían muerto (*4:13*).

- *"Esperanza"* – Los incrédulos temen a la muerte. Los creyentes saben que ellos estarán con Dios (*4:14*).

- Pablo explica lo que sucederá con los creyentes cuando Cristo regrese en triunfo sobre el pecado y la muerte (*4:16*).

Luego nosotros, los que vivimos y habremos quedado, seremos arrebatados juntamente con ellos en las nubes, para el encuentro con el Señor en el aire; y así estaremos siempre con el Señor. Por tanto, alentaos los unos a los otros con estas palabras (4:17-18).

o Los creyentes que han muerto resucitarán de entre los muertos (*4:16*).

o Los creyentes que estén vivos serán arrebatados juntamente con los que han muerto. Todos los cristianos se encontrarán con el Señor en el aire (*4:17*).

o Esta resurrección es física (Ver *1 Co. 15:51-53; Lc. 24:39; Jn. 20:20, 25, 27*).

o La resurrección de cuerpos de los creyentes será como la resurrección de cuerpo de Cristo (Ver *1 Jn. 3:2*).

o Estaremos siempre con el Señor (*4:17*). (Ver *Jn. 14:3; 2 Co. 5:8; Fil. 1:23, Col. 3:4*).

5. El Día del Señor (*5:1-11*)

A. <u>Enseñanza sobre el *"Día del Señor"*</u> (*5:1-3*)
  - En el Antiguo Testamento, el día del Señor es un tiempo de juicio de Dios (Ver *Jl. 1:1-2; Am. 5:18-20; Sof. 1:14-15*) y de gobierno (*Is. 2:1-3; Isa 2:11; Is. 11:1-9; Is. 30:23-26; Zac. 14:1; 7-21*).
  - Pablo usa la frase para referirse al regreso de Cristo y el juicio final.
  - El tiempo es incierto y repentino.
    o *"Como ladrón de noche"* (*5:2*).
    o *"Como vienen los dolores sobre la mujer que da a luz"* (*5:3*).

B. <u>Los incrédulos y los creyentes tendrán experiencias diferentes</u> (*5:4-8*)

Todos vosotros sois hijos de luz e hijos del día. No somos hijos de la noche ni de las tinieblas. Por tanto, no durmamos como los demás, sino vigilemos y seamos sobrios (5:5-6).

  - *"De la noche," "los que duermen," "de noche se emborrachan"* – Los incrédulos no están preparados para la venida de Cristo.

o *"Dormir"* – espiritualmente dormido, en vez de muerto (Ver *4:13, "dormido"*).

- *"Hijos de luz," "del día," "vigilemos y seamos sobrios"* – Los creyentes vigilan y esperan la venida de Cristo.

Pero nosotros que somos del día seamos sobrios, vestidos de la coraza de la fe y del amor, y con el casco de la esperanza de la salvación (5:8).

- *"fe," "esperanza"* y *"amor"* aparecen juntos nuevamente (Ver *1:3-5*).
- El Día del Señor trae la ira para los incrédulos, pero la salvación para los creyentes (*5:9-11*).

¿Por qué quiere Pablo que los creyentes conozcan sobre el regreso de Cristo?

¿Cómo predicará usted sobre la segunda venida de Jesucristo en su iglesia nueva?

6. Instrucciones finales de Pablo (*5:12-28*)

A. <u>La relación con los líderes</u> (*5:12-13*)
- *"A los que entre vosotros trabajan"* – Todos los cristianos de Tesalónica eran nuevos creyentes.
- Pablo enseña a los creyentes a honrar a los líderes.

B. <u>La vida en comunidad en la Iglesia</u> (*5:14-22*)
- Ayude a los demás a ser fieles (*5:14-16*).
  o *"Amonestéis a los ociosos" – 5:14.*
  o *"Alentéis a los de poco ánimo" – 5:14.*
  o *"Deis apoyo a los débiles" – 5:14.*
  o *"Tengáis paciencia hacia todos" – 5:14.*
- Manténgase cerca de Dios (*5:16-22*).
  o *"Siempre"* – el gozo, la oración y el agradecimiento no dependen del estado de ánimo de los cristianos. El Espíritu obra para hacernos santos en todas las áreas de la vida (*5:16-18*). (Ver *Fil. 4:4*).[8]
  o *"No apaguéis el Espíritu."* "apagar" significa apagar un incendio (*5:19*).

Pablo les dice a los creyentes no entristecer al Espíritu Santo (*Ef. 4:30*). Tenemos que andar en el Espíritu (*Gá. 5:16*) y ser llenos (controlados) por el Espíritu (*Ef. 5:18*).

  o *"Examinadlo todo."* La correcta enseñanza estará de acuerdo con las enseñanzas de Pablo (*5:21*).

Anímense unos a otros. Lea 1 Tesalonicenses 5:11-23. ¿Cómo anima Pablo a los creyentes en estos versículos?

C. <u>Peticiones personales y bendición</u> (*5:23-28*)

Y el mismo Dios de paz os santifique por completo; que todo vuestro ser -tanto espíritu, como alma y cuerpo- sea guardado sin mancha en la venida de nuestro Señor Jesucristo. Fiel es el que os llama, quien también lo logrará (5:23-24).

- Pablo resume su tema de la santificación.
  - o Dios quiere que cada parte de la vida del creyente demuestre que esté dedicada a Dios.
  - o Tenemos que mostrar la santidad en las acciones, así Cristo nos aprobará cuando Él regrese.
- *"Beso santo"* – Esto puede haber sido un saludo habitual.
- Pablo recuerda a los lectores que los cristianos son salvos por gracia y viven la gracia. (*5:28*).[9]

Sugerencias para la predicación de 1 Tesalonicenses

- Estudie el tema de la persecución en 1 Tesalonicenses. ¿Cómo ayuda el Espíritu Santo a los creyentes a mantenerse fuertes?

- Explore el tema de cómo la vida del cristiano ahora está relacionada con el futuro.

- Estudie el tema de ánimo en el capítulo 5.

- Anime a su familia, a su nueva congregación y levante otros plantadores de iglesias que conoce en oración. Cada uno de ellos necesita sus palabras positivas.

Capítulo 9

2 Tesalonicenses

Pablo escribió 2 Tesalonicenses más tarde en el mismo año que escribió 1 Tesalonicenses, o el siguiente año. Las falsas enseñanzas era aún un problema en la iglesia. En esta carta, Pablo corrige algunas enseñanzas equivocadas sobre el regreso de Cristo.

Qué esperar:
Palabra clave: inicuo.

Sugerencia: Abra su Biblia en 2 Tesalonicenses para que pueda seguir las lecturas.

1. La fidelidad en la persecución (*1:1-12*)

A. <u>Saludos</u> (*1:1-2*)

B. <u>Los tesalonicenses habían sido fieles</u> (*1:3-5*)
- *"La fe va creciendo sobremanera"* – Incluso en la persecución, los cristianos de Tesalónica crecieron en la fe.
- *"Tenidos por dignos del reino de Dios"* – Si los creyentes responden a los problemas de la manera correcta, Dios los considerará dignos de una gran recompensa (*1:5*). (Ver *Mt. 5:12; 1 P. 2:19*).

C. <u>El sufrimiento muestra la justicia de Dios</u> (*1:6-10*)
- *"Retribuir con aflicción"* – El juicio de Dios significa que aquellos que no son justos serán castigados (*1:6*). (Ver *Sal. 9, 10, 17, 137, Ap. 6:9-10*).
- Cuando Cristo regrese, Él libertará a los cristianos del sufrimiento. Esto le da esperanza en el sufrimiento (*1:7-10*).
  - o *"Se manifieste desde el cielo"* – Ahora Cristo está a la diestra de Dios en el cielo (*1:7*). (Ver *Jud. 14*).
  - o Un día Él regresará a la tierra de una manera visible (*1:7-8*).

o Dios será el juez de las personas que rechazan a Cristo y traerá gloria a aquellos que aceptan a Cristo (*1:9-10*). (Ver *Fil. 3:19*).

D. <u>Pablo ora por el progreso espiritual</u> (*1:11-12*)

- *"Que Dios os haga dignos de su llamamiento"* – Pablo siempre señala a los creyentes a su verdadero propósito. Dios está obrando en sus vidas para traer gloria a Jesús (*1:11*).

- *"Nombre"* – En las culturas antiguas, el nombre de una persona se adicionaba a la persona. Traer gloria al nombre de Cristo significa darle la gloria a Cristo (*1:12*). (Ver *Col. 3:17*).[1]

2. La enseñanza en el Día del Señor (*2:1-17*)

A. <u>Los falsos maestros</u> (*2:1-2*)

Ahora, con respecto a la venida de nuestro Señor Jesucristo y nuestra reunión con él, os rogamos, hermanos, que no seáis movidos fácilmente de vuestro modo de pensar ni seáis alarmados, ni por espíritu, ni por palabra, ni por carta como si fuera nuestra, como que ya hubiera llegado el día del Señor (2:1-2).

- Después de que Pablo escribió 1 Tesalonicenses, escuchó que algunos maestros decían que el *"Día del Señor"* había comenzado (*2:1-2*).
- Algunos creyentes pensaban que la Segunda Venida de Jesús ya había sucedido. Ellos se sorprendieron porque entendieron que diferentes cosas ocurrirían si el día del Señor hubiera llegado. Como estas cosas no estaban ocurriendo, se volvieron vulnerables a las falsas enseñanzas.

B. <u>La enseñanza de Pablo</u> (*2:3-17*)

Porque ya está obrando el misterio de la iniquidad; solamente espera hasta que sea quitado de en medio el que ahora lo detiene. Y entonces será manifestado aquel inicuo (2:7-8)

- Pablo dice que el *"Día del Señor"* no ha llegado todavía.
- *"Apostasía," "hombre de iniquidad"* – Una gran rebelión sucederá antes de la Segunda Venida (*2:3-4*). (Ver *1 Ti. 4:1; Jn. 17:2*).
- El mal está obrando en el mundo, pero no a toda potencia. Este es el *"misterio de la iniquidad"* (*2:7*).
- *"El que lo detiene"* – Pablo no identifica claramente a la persona que detiene la rebelión (*2:6-7*).
  - o El que lo detiene puede ser el Imperio Romano, el trabajo misionero de Pablo, la nación judía, la ley y el gobierno, o el Espíritu Santo.[2]
  - o *"Quitado de en medio"* (*2:7*).
    - Algunos ven esto como el *"Rapto."* Si la iglesia no está en la tierra, nada detendrá la rebelión (Ver *1 Ts. 5:16-17*). Si este es el Rapto, el que detiene será probablemente el Espíritu Santo.

Palabra Clave

Inicuo: La palabra significa "sin ley" – El inicuo es el mismo que el "Anticristo" (*1 Jn. 4:2-3*) Y la "bestia" (*Ap. 13:1*). El inicuo se rebela contra Dios y va en contra del reino de Cristo (Ver *2 Ts. 2:8; 1 Ti. 1:9; 2 P. 2:8*).[3]

- Cuando la gran rebelión suceda, Cristo triunfará sobre el mal (*2: 8*).
- Satanás es el poder detrás del *"inicuo."* Él es poderoso, pero Cristo es más poderoso (*2:8-9*).

Pablo predicó que tenemos la salvación a través de la muerte de Cristo. ¿Por qué también enfatiza que Cristo vendrá de nuevo?

- *"Por esto"* – Rechazar la verdad conduce a un juicio de "culpabilidad" (*2:11-12*). (Ver *Ro. 1:28*).

C. <u>Dios obra en los creyentes</u> (*2:13-17*)
   - Es importante creer en la verdad.
     - o Dios salva a las personas que creen en Él. Entonces los creyentes responden a su obra. Dios los hace santos por Su Espíritu (*2:13-14*). (Ver *Col. 3:12; 1 Ts. 1:4; Ef. 4:25-28*).
       - Pablo asegura a estas personas que no han sido dejados atrás. Dios siempre ha tenido planes para ellos. Estos versículos nos muestran la belleza de cómo Dios ha elegido los *fines y los medios* de la salvación de Su pueblo. Dios escogió a sus escogidos desde la fundación del mundo. Con el tiempo, el Espíritu Santo los aparto a través de su obra de santificación. Esto produce una respuesta a la verdad del Evangelio, como se usaba para llamar a Su pueblo.
       - A fin de cuentas los creyentes serán glorificados. Los creyentes deben creer en la verdad, los testigos deben predicar la verdad, y Dios anunciará a Su pueblo. En ninguna parte la Biblia enseña que los escogidos serán salvos sin creer o sin que alguien les traiga el Evangelio.
     - o *"Doctrinas"* – la verdad que Dios ha revelado en el Evangelio. Esta es la misma verdad que Pablo predicó a los Tesalonicenses (*2:15*).
   - Dios mismo da la fuerza interior que los creyentes necesitan (*2:16-17*).

3. **Permanezca fiel (*3:1-15*)**

A. <u>Pablo pide oración</u> (*3:1-5*)
   - Pablo ora por la obra del Evangelio (*3:1-2*).
   - *"Fiel es el Señor"* – La confianza de Pablo está en el Señor (*3:3-5*).

¡El Señor dirija vuestros corazones hacia el amor de Dios y la paciencia de Cristo! (3:5).

B. <u>Pablo condena la ociosidad</u> (*3:6-15*)
  - Pablo ya había advertido contra la ociosidad en (Ver *1 Ts. 4:11-12; 5:14*).
    - o Algunos creyentes pueden haber pensado que no tenían que trabajar, porque Cristo vendría pronto.
    - o El problema era tan malo que Pablo tiene que escribir de nuevo sobre esto (*3:6-10*).
      - ▪ Pablo exhorta al pueblo a seguir su ejemplo.
      - ▪ Este es un desafío para la gente de la Iglesia seguir el ejemplo piadoso de los líderes.
      - ▪ También es un desafío para los líderes, a ser dignos de seguir.
  - Los que no trabajan causan división en la iglesia (*3:11-13*).

Aun estando con vosotros os amonestábamos así: que si alguno no quiere trabajar, tampoco coma. Porque hemos oído que algunos andan desordenadamente entre vosotros, sin trabajar en nada, sino entrometiéndose en lo ajeno (3:10-11).

  - *"No tengáis trato"* – Pablo dice distanciarse de una persona que no obedece (*3:14-15*).

4. Una bendición de gracia y paz (*3:16-18*)

Sugerencias para la predicación de 2 Tesalonicenses

- Estudie lo que Pablo dice acerca de la Segunda Venida de Cristo.

- ¿Cómo la esperanza del regreso de Cristo afecta ahora a nuestras vidas?

- Esta Esperanza Bendita es dada junto con toda la escatología que nos hace vivir una vida pura en Jesucristo. Él está preocupado por la vida santa y esto nos obliga aún más a vivir en Su Espíritu.

Capítulo 10

Filemón

Filemón era un propietario de esclavos. Onésimo era su esclavo. Es posible que hayan vivido en Colosas, una de las ciudades de Asia Menor. Esta es la Turquía de hoy en día. Filemón era cristiano. Onésimo se escapó de su dueño y se encontró a Pablo. En ese momento, Pablo era un prisionero en Roma. Según la ley romana, un esclavo fugitivo podría ser condenado a muerte. Pablo todavía creía que Onésimo debería volver a Filemón. Pablo escribió esta carta para pedirle a Filemón que reciba a Onésimo como un hermano en Cristo, y no un esclavo. Esto no es una carta a una iglesia, sino una carta personal.

Sugerencia: Abra su Biblia a Filemón para que pueda seguir las lecturas.

1. **Saludos y oración (*1-7*)**

   A. <u>Pablo saluda a Filemón en una forma personal</u> (*1-3*)
      - Filemón es un "amigo" y "colaborador" (*1*).
      - Pablo nombra a otros en la iglesia (*2*).
        - o Apia puede haber sido la esposa de Filemón.
        - o Arquipo pudo haber sido el pastor de la iglesia en Colosas.[1] (Ver *Col. 4:17;* Arquipo estaba en Colosas).

   B. <u>Pablo muestra afecto por Filemón</u> (*4-7*)
      - Pablo ha recibido buenos informes sobre Filemón (*5*).
      - Pablo ora por Filemón (*4, 6*).

   ...de manera que la comunión de tu fe ha venido a ser eficaz en el pleno conocimiento de todo lo bueno que hay en nosotros para la gloria de Cristo (6).

      - El amor de Filemón ha animado y renovado a Pablo (*7*).

2. **El ruego de Pablo a Filemón para tomar de regreso al esclavo (*8-22*)**

A. <u>Pablo hace una petición personal</u> (*9.8*)
   - Pablo pudo haber ordenado a Filemón tomar de regreso a Onésimo porque Pablo era un apóstol (*8*).
   - En vez de usar su autoridad, Pablo pide por amor (*9*).
     o *"El anciano"* – Pablo puede estar hablando de su edad. Esta carta fue escrita al final de su ministerio. Esto también puede referirse a que Pablo era anciano.

B. <u>Pablo habla de Onésimo</u> (*10-11*)
   - *"Mi hijo"* – la idea de padre e hijo (*10*). (Ver *1 Ti. 1:2; Tit. 1:4*).
   - *"En mis prisiones"* – como prisionero en Roma, Pablo presentó a Onésimo a Cristo (*10*).
   - *"Útil"* – esta palabra es un juego de palabras porque el nombre Onésimo significa "útil" Onésimo no había sido útil a Filemón en el pasado. Ahora es útil para Pablo y Filemón (*11*).

C. <u>Pablo explica por qué él envía de vuelta a Onésimo</u> (*12-14*)
   - *"Lo vuelvo a enviar"* – Onésimo pertenece a Filemón, así que Pablo envía al esclavo de vuelta. Filemón puede decidir qué hacer (*12, 14*).
   - *"Consentimiento"* – Filemón podría estar de acuerdo que Onésimo debería ayudar a Pablo en Roma, pero el dueño debe tomar la decisión (*13-14*).
     o Pablo no obliga a Filemón en su decisión.
     o Servir es voluntario.

Te lo vuelvo a enviar, a él que es mi propio corazón. Yo deseaba retenerlo conmigo, para que en tu lugar me sirviera en mis prisiones por el evangelio (12-13)

D. <u>La huida de Onésimo puede tener un propósito</u> (*15-16*)

- *"Apartado*– La separación cambió a Onésimo. Se convirtió en cristiano. Él puede volver a Filemón listo para servir (*15*).
- *"Hermano"* – Filemón y Onésimo ya no son más amo y esclavo. Ahora son hermanos en el Señor (*16*).

E. <u>Súplica de Pablo</u> (*17-22*)
- *"Compañero"* – Filemón debería recibir a Onésimo como él recibiría al mismo Pablo (*17*).
- *"Debe"* – Onésimo le pudo haber robado a Filemón (*18-19*).
  - o Dado que él escribe con su propia mano, Pablo asume la deuda en un documento legal.[2]
  - o Pablo le recuerda a Filemón de su propia deuda a Pablo al guiarle a Cristo.
- *"Confiado en su obediencia"* – Pablo espera que Filemón hará lo que le pide e incluso dará la bienvenida a Pablo más tarde.

F. <u>Bendición</u> (*23-25*)
- Pablo cierra con un saludo personal, como siempre lo hace (*23-24*).
- La bendición de la gracia de Dios comienza y termina esta carta (*3, 25*).

¿Qué lecciones enseña esta carta sobre el perdón y la aceptación?

Sugerencias para la predicación de Filemón

- Explore las barreras que se interponen en el camino de la unidad de los cristianos.

- Enseñe las lecciones que esta historia explica sobre el perdón y el respeto.

Capítulo 11

Hebreos

El libro de Hebreos es un misterio. No podemos estar seguros de quién lo escribió. No podemos estar seguros de quién primero lo leyó. No podemos estar seguros cuando fue escrito. Sin embargo, Hebreos es un libro importante en el Nuevo Testamento.

Hebreos fue escrito antes de que el templo judío fuera destruido en el año 70 DC. El autor habla de la obra de los sacerdotes en el tiempo presente. La mayoría de los estudiosos creen que los primeros lectores eran judíos cristianos. Hebreos usa muchos pasajes del Antiguo Testamento y habla de muchos temas judíos. La frase *"los de Italia"* (*13:24*) puede significar la gente en Italia o de Italia. Los lectores pueden haber sido los judíos cristianos que vivieron en Roma. Ellos tenían muchas preguntas sobre el templo y la ley de Moisés para los cristianos. Algunos se preguntaban si Jesús realmente era mejor que el sistema judío.

El tema de Hebreos es que Jesucristo tiene el más alto lugar en el plan de salvación de Dios. Jesús es la revelación final. Él es la última palabra. Él es el sacrificio final. Las Escrituras judías explicaron el "antiguo pacto." Jesucristo trae el "nuevo pacto." El nuevo pacto es mejor que el antiguo. Los cristianos no deberían descuidar la salvación en Cristo.

Hebreos describe las cualidades y acciones de Cristo. Los siguientes diez pasos son importantes para entender el cuadro completo de Cristo:

1. *1:1-4: "Heredero de todo, y por medio de quien, asimismo, hizo el universo. Él es el resplandor de su gloria y la expresión exacta de su naturaleza, quien sustenta todas las cosas con la palabra de su poder, se sentó a la diestra de la Majestad en las alturas, superior a los ángeles."*
2. *2:10*: El autor de la salvación.
3. *2:14*: El destructor del demonio.
4. *2:17*: Fiel Sumo Sacerdote.

5. *3:3*: Digno de mayor gloria que Moisés.
6. *4:15*: Un sumo sacerdote que conoce nuestra debilidad.
7. *7:25*: Intercede.
8. *8:6*: Mediador del nuevo pacto.
9. *12:2-3*: Modelo al resistir contradicción de pecadores.
10. *13:20*: Gran Pastor.[1]

Hebreos contiene seis advertencias importantes o palabras de consejo:

1. Advertencia contra la deriva de la verdad que hemos escuchado (*2:1-4*).
2. Advertencia contra dudar la voz de Dios (*3:7-14*).
3. Advertencia contra la apostasía del principio elemental de Cristo (*5:11-6:20*).
4. Advertencia contra menospreciar el conocimiento de la verdad (*10:26-39*).
5. Advertencia contra la desvalorización de la gracia de Dios (*12:25-29*).
6. Advertencia de no apartarse de Él, "quién habla" (*12:25-29*).

Qué esperar:
Palabras claves: más excelente, sumo sacerdote, misericordia, Melquisedec, eterna, fe, pacto.

Sugerencia: Abra su Biblia en Hebreos para que pueda seguir las lecturas.

1. Cristo es la palabra final de Dios (*1:1-4*)

Dios, habiendo hablado en otro tiempo muchas veces y de muchas maneras a los padres por los profetas, en estos últimos días nos ha hablado por el Hijo (1:1-2).

A. <u>Dios habla de una nueva forma</u> (*1:1-2*)

- *"En otro tiempo,"* *"en estos últimos días"*– Todos los escritores del Antiguo Testamento son "profetas" en este tiempo. Ahora Dios nos habla por medio de su Hijo (*1:1-2*).
- *"Heredero de todo,"* *"hizo el universo"*– Cristo estaba presente en la creación. Él es el Hijo de Dios (*1:2*).

B. <u>Cristo es la mejor manera en la que Dios habló</u> (*1:3-4*)
- *"Él es el resplandor de su gloria"*– No podemos separar el resplandor de Cristo del resplandor de Dios (*1:3*).
- *"A la diestra de la Majestad en las alturas"* – Cristo está sentado a la diestra de Dios. Esto significa que Él está gobernando con Dios. Él es Señor sobre todo (*1:4*). (Ver *He. 1:13; 8:1; 10:12; 12:2; Mt. 26:64; Hch. 2:23; 5:34; Ro. 8:34; Ef. 1:20, Col. 3:1, 1 P. 3:22*).

2. Cristo es una persona superior (*1:5-6:20*)

A. <u>Cristo es superior que los ángeles</u> (*1:5-2:18*)
- Cristo es el Hijo de Dios. El lugar de honor le pertenece a Cristo (*1:5-14*).
  - o Dios se expresa de Cristo de una manera diferente a la forma que se refiere a los ángeles (*1:5*).
  - o El escritor usa pasajes del Antiguo Testamento para mostrar que Cristo es superior a los ángeles (Ver *Sal. 2:7; 2 S. 7:14; Dt. 32:43; Sal. 104:4; Sal. 45:6-7; Is. 61:1; Is. 61:3; Is. 50:9, Is. 51:6*).
    - ▪ Los ángeles son "hijos de Dios," pero nunca son el "Hijo de Dios" (*1:5-6*).
    - ▪ Los ángeles sirven a Cristo (*1:7*).
    - ▪ Cristo se sienta en un trono eterno (*1:8-9*).
    - ▪ Cristo es el Creador (*1:10-11*).
    - ▪ Los ángeles sirven. Cristo gobierna (*1:13-14*). Dios envía ángeles para servir al pueblo de Dios –*"los herederos de la salvación"*

Palabra Clave

Más Excelente: El escritor utiliza las palabras para "mejor" o "más excelente" 15 veces en el libro de Hebreos. Un tema importante es mostrar cómo Cristo es la mejor de las formas en las que Dios habló en el pasado.[2]

- Palabra de consejo: Ponga atención a la salvación (*2:1-4*).
  - Esta es la primera de las cinco palabras de consejo, o advertencias, para que el cristiano se enfoque en el Evangelio (Para los otros cuatro, Ver *3:7-4:13; 6:4-8; 10:26-31; 12:25-29*).

    Por lo tanto, es necesario que con más diligencia atendamos a las cosas que hemos oído, no sea que nos deslicemos. (2:1).

  - *"Deslicemos"*– llevarse por opiniones que no se basan en la Palabra de Dios (*2:1*).
  - *"Dicha por los ángeles"*–Dios utilizó a los ángeles para llamar a Moisés (*2:2-3*). (Ver *Ex. 3:2*).
    - El Evangelio es superior a la ley.
    - Desobedecer la ley trajo castigo. Rechazar el Evangelio traerá mayor castigo.

¿Cómo ignoramos o descuidamos esta Gran Salvación? (*2:3*).

¿Por qué es esta salvación tan grande?

Resuma cómo Cristo es superior que los ángeles.

- o Dios confirmó el mensaje del Evangelio a través de los milagros (*2:4*).
- Cristo es el hombre perfecto (*2:5-18*).
  - o El autor explora *Sal. 8:4-6* para mostrar que Cristo es superior a los ángeles.

Todas las cosas sometiste debajo de sus pies. Al someter a él todas las cosas, no dejó nada que no esté sometido a él. Pero ahora no vemos todavía todas las cosas sometidas a él (2:8).

  - o Cristo fue hecho *"menor que los ángeles"* (*2:5-9*).
    - En la creación Dios le dio a los humanos autoridad sobre toda las criaturas.
    - Cristo se hizo humano.
  - o Dios pone todo bajo la autoridad de Cristo. Esto incluye a los ángeles (*2:8*).
    - Por cuanto Cristo fue un humano, Él pudo volver la autoridad a los humanos perdidos a causa del pecado.
    - Cristo ocupa un puesto de honor. Su muerte y resurrección traen la salvación.
  - o Por cuanto Él fue hecho como nosotros, pudo salvarnos (*2:10-18*).

Porque le convenía a Dios –por causa de quién y por medio de quien todas las cosas existen- perfeccionar al Autor de la salvación de ellos, por medio de los padecimientos, para conducir a muchos hijos a la gloria. Pues tanto el que santifica como los que son santificados, todos provienen de uno. Por esta razón, él no se avergüenza de llamarlos hermanos, (2:10-11).

  - *"Capitán"* – Esto significa "el primero en abrir el camino." Jesús fue a través del sufrimiento y se convirtió en el líder perfecto. La palabra también puede traducirse a *"autor"* o *"fundador."*

- El autor utiliza más versículos del Antiguo Testamento (*2:12-13*). (Ver *Sal. 22:22, 2 S. 22:3, Is. 8:18*).
- *"para que su muerte"* – *2:14*. Por cuanto Jesús se hizo carne y murió en la cruz, venció el poder de Satanás de la muerte sobre los creyentes. El hombre ha caído en el pecado y Satanás es el acusador de las personas cuando ellos pecan, y demanda que mueran por su pecado. Sin embargo, Cristo murió por los pecados de los creyentes para que aquellos pecados ya no tengan más el poder de la muerte sobre los cristianos. Por lo tanto, las acusaciones de Satanás no ejercen ningún poder o temor sobre nosotros (*Col. 2:14-15*).

Por tanto, era preciso que en todo fuese hecho semejante a sus hermanos, a fin de ser un sumo sacerdote misericordioso y fiel en el servicio delante de Dios, para expiar los pecados del pueblo (2:17).

- *"expiar"* – sacrificio para satisfacer la santidad de Dios. Jesús fue sin pecado, pero él murió en la cruz como sacrificio por nosotros (*2:17*).
- Debido a que Jesús sufrió, Él es capaz de ayudarnos cuando nosotros sufrimos (*2:18*).

B. <u>Cristo es mejor que Moisés</u> (*3:1-4:13*)
- Cristo es el Hijo. Moisés es un siervo (*3:1-6*).
  - *"En toda Su casa"* – el tabernáculo donde Israel adoraba. Moisés fue fiel cuando obedeció las instrucciones de Dios (*3:1*). (Ver *Nm.12:7*).

Pero él ha sido estimado digno de una gloria superior a la de Moisés, por cuanto aquel que ha construido una casa tiene mayor dignidad que la casa. Porque toda casa es construida por alguien, pero el constructor de todas las cosas es Dios (3:3-4).

o Cristo fue fiel cuando obedeció al Padre. Dios hizo una nueva casa; la iglesia.[3]

Moisés fue fiel como siervo en toda la casa de Dios, para dar testimonio de lo que se había de decir después. En cambio, Cristo es fiel como Hijo sobre su casa. Esta casa suya somos nosotros, si de veras retenemos la confianza y el gloriarnos de la esperanza (3:5-6).

o El pueblo de Dios constituye el edificio de la casa de Dios construida (*3:6*). (Ver *Ef. 2:19; 1 P. 2:5*).

Resuma cómo Cristo es mejor que Moisés.

- Palabra de consejo: confíe en la Palabra, no lo dude (*3:7-4:13*).
  o Esta sección está basada en *Sal. 95:7-11*.
  o *Sal. 95* resume la historia de Israel bajo la autoridad de Moisés como líder en el desierto.
    - *"tentación en el desierto"* – los años que Moisés guió a los israelitas en el desierto (Ver *Ex. 17:1-7*).
    - *"descanso"* – concepto clave en Hebreos. El Antiguo Testamento habla de la victoria de "descanso" en la Tierra Prometida (Ver *Dt. 3:20; 12:9; 25:19; Jos. 11:23; 21:44, 22:4, 23:1*). El Nuevo Testamento habla de "descanso" como el hogar eterno del creyente.[4]

Mirad, hermanos, que no haya en ninguno de vosotros un corazón malo de incredulidad que os aparte del Dios vivo. Más bien, exhortaos los unos a los otros cada día, mientras aún se dice: "Hoy", para que ninguno de vosotros se endurezca por el engaño del pecado. (3:12-13).

- o *"Que os aparte del Dios vivo"* – rebelión activa contra Dios (*3:12*).
  - Ver *Nm. 14:1-3*. Los Israelitas perdieron la esperanza en Dios.
- o *"Exhortarse el uno al otro"* – los creyentes comparten la responsabilidad de animarse unos a otros (*3:13*).
- o *"Participantes de Cristo"* – compartir con Cristo en el reino celestial. Los israelitas empezaron bien, pero más tarde dudaron.[5]
  - Las personas que no entraron a la Tierra Prometida eran personas que habían oído la promesa de Dios y no creyeron. Dios mantuvo a toda la generación fuera de la tierra (Ver *Nm. 14:21-35*).
  - Los cristianos judíos consideraron regresar al sistema judío, en vez de creer en Jesús.
- o El escritor a los Hebreos advierte a aquellos que han escuchado el Evangelio y la Palabra de Dios una y otra vez, a pesar de eso, no han actuado en él. Cada vez que una persona escucha la verdad de la Palabra de Dios y opta por no obedecer, esa persona o iglesia actúa una en la incredulidad. Estas mismas personas estaban teniendo sus corazones espirituales endurecidos. Este es un proceso sutil y mortal.
  - Un privilegio valioso (*3:7*). La *inspiración* y la *iluminación* de lo que el *Espíritu Santo dice ...*"
  - Un proceso temible (*3:8, 13*). La *cuestión* de los *"corazones endurecidos por la incredulidad,"* *"Engaño del pecado"* – el pecado atrae a las personas con la promesa de que la desobediencia es más segura (*Ex. 17:3*) y más agradable (*He. 11:25-26; Ex. 16:3*) que una caminata de la fe con el Señor.
  - Un pueblo provocativo (*3:8-11*). La *ilustración* de "sus padres" (Israel).
  - Una persuasión positiva (*3:13*). La *influencia* de una iglesia "exhortando."

- Una petición personal (*3:7, 13, 15*). La *invitación* es para "HOY, si USTEDES oyen."
- Un participante persistente (*3:14*). La *indicación* de un verdadero creyente.

Temamos, pues, no sea que permaneciendo aún la promesa de entrar en su reposo, alguno de vosotros parezca no haberlo alcanzado. (4:1).

o La tragedia de los israelitas en el desierto es una advertencia para los creyentes.
o *"La promesa de reposo sigue vigente"* – Dios todavía guarda Su promesa a Su pueblo (*4:1*).
   - Dios hizo una promesa de pacto a Abraham de enviar un Mesías (Ver *Gn. 15:12-21; 17:1-8; 22:15-18*).
   - Dios repitió Su promesa a través de David (*2 S. 7:5-16*).
   - A través de David, Dios cumplió Su promesa de enviar al Mesías (Ver *Is. 11:1-9*).
   - En Jesús, Dios cumplió Su promesa.
   - Cuando Cristo venga de nuevo, el pueblo de Dios entrará en Su reposo (Ver *Is. 65:17; 66:22, Ap. 21:4*).[6]
o Los israelitas no entraron en el "descanso" de la Tierra Prometida ya que no tuvieron fe en la promesa. Los lectores de Hebreos también lucharon para tener fe (*4:2-6*).
   - *"Dios descansó"* – El tema del descanso se remonta a la creación (*4:4*). (Ver *Gn. 2:2*).

Porque si Josué les hubiera dado el reposo, no se hablaría después de otro día. Por tanto, queda todavía un reposo sabático para el pueblo de Dios (4:8-9).

o Josué guió al pueblo de Dios en la Tierra Prometida. Esto fue sólo una parte de lo que significa entrar en el descanso de Dios.

- Dios habló más tarde, en la época de David, de *"un día más."* (*Sal. 95:7-8*).
- Un sábado de descanso "sigue siendo" para el pueblo de Dios en el futuro (*4:9*).

Hagamos, pues, todo esfuerzo para entrar en aquel reposo, no sea que alguien caiga en el mismo ejemplo de desobediencia (4:11).

- *"Palabra de Dios"* – el mensaje de Dios todavía está activo (*4:13*) Se muestran las áreas pecaminosas del corazón de un creyente.
- Dios ve todo en nuestros corazones.
  - o El propósito de esta "palabra de consejo" es animar a los creyentes a permanecer firmes en su fe. Ellos han escuchado el Evangelio y deberían mantenerse siguiéndolo.

C. <u>Cristo es mejor que el sacerdocio de Aarón</u> (*4:14-5:11*)
  - Jesús es el Sumo Sacerdote (*4:14-16*).

Palabra clave

Sumo Sacerdote: El sumo sacerdote era el más alto líder religioso en Israel. Israel acudía al sumo sacerdote para encontrar la voluntad de Dios. El sumo sacerdote hacía las ofrendas por el pecado de todo el pueblo (*Lv. 4:3-21*). En el Día de la Expiación, el sumo sacerdote entraba al Lugar Santo en el templo. Nadie más podía entrar. Él rociaba sangre sobre el propiciatorio.[7]

  - o En el Antiguo Testamento, el sumo sacerdote entraba en el Lugar Santísimo en el Día de la Expiación. Jesús entró en el santuario celestial cuando terminó su obra de expiación (*4:14*). (Ver *Lv. 16:15-17; Hch. 1:9-11*).
  - o *"Compadecerse de nuestras debilidades"* – Jesús fue humano y conoce nuestro sufrimiento (*4:15*).

Acerquémonos, pues, con confianza al trono de la gracia para que alcancemos misericordia y hallemos gracia para el oportuno socorro (4:16)

- o Por cuanto Cristo hizo el trabajo de un sacerdote, los creyentes pueden acercarse a Dios.
- Jesús está calificado para ser el Sumo Sacerdote (*5:1-10*).
  - o En el Antiguo Testamento, el sumo sacerdote debe ser una persona que Dios llama. Nadie se elige a sí mismo para ser el sumo sacerdote (*5:1-4*).
    - ▪ *"Dones y sacrificios"* – el trabajo del sumo sacerdote en el Día de la Expiación.
    - ▪ *"por su propio pecado"* – el sumo sacerdote era un pecador, al igual que todo el pueblo.
    - ▪ Aarón era el hermano de Moisés. Él fue el principio de la línea de los sacerdotes.
  - o Dios llamó a Cristo para ser el Sumo Sacerdote (*5:5*).

Así también Cristo no se glorificó a sí mismo para ser hecho sumo sacerdote, sino que le glorificó el que le dijo: (5:5).

- ▪ Cristo fue humano, y Dios lo llamó. Él estaba calificado para ser Sumo Sacerdote.
- o *"Aprendió la obediencia"* – Jesús obedeció a la voluntad de Dios. El sumo sacerdote en el Antiguo Testamento sacrificaba un animal. Jesús se sacrificó a si mismo (*5:8*).
- o *"Habiendo sido perfeccionado"* – Jesús era perfecto. "Perfeccionado" significa que él llevó a cabo el plan de Dios (*5:9*).
- o *"Fuente de la salvación eterna"* – Debido a que Jesús llevó a cabo el plan de Dios, tenemos la salvación. El sacrificio de Cristo es el sacrificio final. Ya no necesitamos el sistema judío de sacrificios (*5:9*). (Ver *He. 2:10*).

Resuma cómo Cristo es mejor que los sacerdotes de la línea de Aarón.

Palabras claves:

Misericordia, Gracia: Las palabras "misericordia" y "gracia" a menudo aparecen juntas en el Nuevo Testamento (Ver *Ef. 2:4-5, 1 Ti. 1:2; 1 P. 1:2-3*). La "Misericordia" es Dios ayudando activamente a los necesitados. "Gracia" es la tendencia de Dios que nos trata con amabilidad que no merecemos. El Antiguo Testamento utiliza una palabra hebrea que significa "amante de la bondad." Cristo nos muestra la gracia y misericordia de Dios. Ambos son regalos de Dios.

- Palabra de consejo: No se convierta en tardo para oír. Prosiga hacia la madurez espiritual (*5:11-6:12*).
  - El escritor reprende a los lectores por ser inmaduros (*5:12-6:03*).

Debiendo ser ya maestros por el tiempo transcurrido, de nuevo tenéis necesidad de que alguien os instruya desde los primeros rudimentos de las palabras de Dios. Habéis llegado a tener necesidad de leche y no de alimento sólido. Pues todo el que se alimenta de leche no es capaz de entender la palabra de la justicia, porque aún es niño (5:12-13).

  - *"primeros rudimentos"* – Esta frase se refiere a las cartas o números simples. Esto significa verdades básicas (*5:12*).
  - *"no es capaz"* – Los lectores tenían la información, pero sus acciones no coincidían (*5:13*).
  - *"maduros"* - el creyente maduro (*5:14*).
  - *"doctrinas elementales de Cristo"* – verdades que los lectores ya han aprendido (*6:1*).
  - *"juicio eterno"* – Dios juzgará a todos (*6:2*). (Ver *1 Co. 3:12-15; Ap. 20:11-15*).
  - La leche aquí es toda la Palabra de Dios. La carne es la práctica de la Palabra de Dios. Ellos entendieron

doctrinas profundas (la leche) pero no las estaban practicando (la carne).
o Los lectores no han estado creciendo espiritualmente (*6:4-8*).

Porque es imposible que los que fueron una vez iluminados, que gustaron del don celestial, que llegaron a ser participantes del Espíritu Santo, que también probaron la buena palabra de Dios y los poderes del mundo venidero, y después recayeron, sean otra vez renovados para arrepentimiento; puesto que crucifican de nuevo para sí mismos al Hijo de Dios y le exponen a vituperio (6:4-6).

- Algunos creen que este pasaje significa que los cristianos verdaderos nunca se "apartarán." Las personas pueden parecer creer, pero no creen realmente (Ver *Jn. 6:39-40; 10:27-29; Ro. 8:28-30*).
- Otros creen que este pasaje significa que los cristianos dejan de creer (Ver *2 Co. 11:1-4, 13-15; 2 Ti. 2:17-18; 1 Jn. 2:21-25*).
- Recuerde el contexto. Lo más probable es que estos versículos hablan de los creyentes judíos que se enfrentan a la tentación de volver al camino del judaísmo. Significa apartarse de la madurez espiritual.[8]
- La forma en que los versos están escritos aquí apoyan que estos eran creyentes, que estaban luchando espiritualmente con la persecución que estos cristianos judíos se enfrentaban. Podemos sentir por ellos y por muchos que hoy enfrentan lo mismo.
o El escritor está seguro de que Dios está obrando (*6:9-12*).

Pero aunque hablamos así, oh amados, en cuanto a vosotros estamos persuadidos de cosas mejores que conducen a la salvación (6:9).

- Las buenas obras de los lectores eran señales de que su fe era real (*6:9*).
  - *"Lento"* – Esto es lo mismo que "tardo" en *5:11*.
- Dios mantendrá Su promesa (*6:13-20*).
  - o *"Dios hizo una promesa a Abraham"* – La fe de Abraham es un ejemplo. Él creyó en la promesa de Dios (*6:12-15*). (Ver *Gn. 12:3-4; 17:2, 18:10; 21:5*).
  - o *"Confirmación"* – una garantía (*6:16-17*).
  - o *"Dos cosas inmutables"* – 1. La promesa de Dios, que no cambia. 2. El juramento de Dios, que no cambia (*6:18*).

Tenemos la esperanza como ancla del alma, segura y firme, y que penetra aun dentro del velo, donde entró Jesús por nosotros como precursor, hecho sumo sacerdote para siempre según el orden de Melquisedec (6:19-20).

  - o *"Ancla"* – La esperanza en Cristo nos sostiene firmemente en su lugar como un ancla sostiene un barco (*6:19*).
  - o *"Más allá del velo"* – El lugar santísimo en el templo judío donde vive Dios. Como sumo sacerdote, Cristo va delante de los creyentes a Dios (*6:19*). (Ver *Lv. 16:2, 15*).
  - o *"Precursor"* - Jesús va en primer lugar a la presencia de Dios. Los creyentes siguen (*6:20*).

3. Cristo es un sacerdocio mejor (*7:1-10:19*)

A. <u>Una mejor línea de sacerdotes</u> (*7:1-25*)
- El sacerdocio de Melquisedec es mejor que la línea de sacerdotes de Aarón (*7:1-10*).
  - o *"Sin padre, sin madre"* – La Biblia no da registro del nacimiento o la muerte de Melquisedec. Melquisedec señala a Cristo, el sacerdote eterno (*7:3*).

Mirad, pues, cuán grande fue aquel a quien aun el patriarca Abraham le dio los diezmos del botín (7:4).

- o *"Patriarca"* – muestra que Abraham fue grande. Melquisedec era más grande.
- o *"El menor es bendecido por el mayor"* – El que recibe el diezmo es mayor que el que da el diezmo (*7:7*).
- o *"Abraham pagó el diezmo"* – El pueblo de Israel vino de Abraham. Porque él pagó el diezmo a Melquisedec, a todos los sacerdotes pagan los diezmos (*7:6-9*).
- o Melquisedec era mejor que Abraham. También fue mejor que los sacerdotes del Antiguo Testamento.

Palabra clave

Melquisedec: El Antiguo Testamento habla acerca de Melquisedec en la historia de Abraham (*Gn. 14:18-20*) y una canción de David (*Sal. 110:4*). Él era un rey de Jerusalén. Él bendijo a Abraham en el nombre del Dios verdadero y Abraham le dio una ofrenda de diezmo. Esto significa que Abraham creyó que Melquisedec era un sacerdote del Dios verdadero. Al igual que Melquisedec, Jesús fue y es al mismo tiempo Rey y Sacerdote.

- • Cristo reemplaza el sacerdocio de Aarón (*7:11-19*).
  - o Dios creó el sacerdocio judío de la tribu de Leví. ¿Por qué necesitamos un nuevo sacerdocio?
    - ▪ La ley de Moisés y el sacerdocio iban juntos. Todas las personas eran pecadoras. Ellos necesitaban a un sacerdote para hacer un sacrificio por sus pecados.
    - ▪ El sacerdocio levítico (sacerdotes de Aarón) no fueron capaces de hacer santo al pueblo santo. Nadie puede ser hecho justo por cumplir la ley.
    - ▪ David anunció que un nuevo sacerdocio venía (*7:11*) (Ver *Sal. 110:4*).
    - ▪ *"El orden de Melquisedec"* – El nuevo sacerdocio sería para siempre.
  - o Si el sacerdocio cambia, la ley cambia (*7:12*).

Porque de haber cambio de sacerdocio, es necesario que también se haga cambio de ley (7:12).

- El nuevo sacerdocio no vino de la línea de Aarón o de la tribu de Leví.
- El creyente no está bajo la ley de Moisés. Mas bien, Cristo nos hace justos (Ver *Ro. 6:14; Gá. 3:24-25*).
  o *"Aquel de quien se dice esto"* – Cristo, quien vino de la tribu de Judá. Cristo no está bajo la ley (*7:13-15*).
  o El nuevo sacerdocio es eterno (*7:17-19*).

Pues de él se da este testimonio: Tú eres sacerdote para siempre según el orden de Melquisedec. (7:17).

- *"Abrogado"* – guardando. Jesús es un nuevo tipo de Sacerdote. La ley se cambió (*7:18*).
- La ley nunca hizo nada perfecto. La única solo preparó el camino para Cristo (*7:19*). (Ver *Mt. 5:17; Gá. 3:23-24*).
- Cristo es el verdadero Sacerdote (*7:21-28*).
  o Dios dio un juramento (*7:20-21*). (Ver *Sal. 110:4*).

Y esto no fue hecho sin juramento. Los otros fueron hechos sacerdotes sin juramento, mientras que éste lo fue por el juramento del que le dijo: Juró el Señor y no se arrepentirá: "Tú eres sacerdote para siempre (7:20-21).

- Un juramento era una garantía (Ver *6:17*).
- El juramento garantiza un mejor pacto (Ver *los capítulos 8-10*).
  o El sacerdocio de Cristo no cambia (*7 :23-25*)
    - En el sacerdocio levítico, el sumo sacerdote cambiaba cuando uno moría.[9]
    - *"salvar por completo"* – salvar completamente.
    - *"vive para siempre para interceder"* – Jesús intercede por nosotros
    - El Ministerio de Cristo de salvar e interceder se basan en un sacerdocio permanente (*7:25*) (*1 Jn. 2:2-2; Jn. 17:6-26*).

Resuma cómo el sacerdocio de Cristo es mejor que el sacerdocio del Antiguo Testamento.

Palabra clave

Eterno: El escritor de Hebreos enfatiza que la obra de Cristo es permanente. Jesús es el autor de salvación eterna (*5:9*). Él obtuvo la salvación eterna (*9:12*) y comparte la promesa de la herencia eterna (*9:15*). (Ver también *1:8; 5:6, 6:20, 7:17, 7:21, 13:8*).

Jesús, el Sumo Sacerdote en Hebreos

- Fue calificado (*2:11-18*).
- Conoce nuestras debilidades (*4:15*).
- Dios lo llamó (*5:5*).
- Fue como Melquisedec, y no como Aarón (*5:10*).
- No tenía pecado (*7:27-28*).
- Se entregó a sí mismo como el sacrificio final (*8:26, 10:10*).
- Su sacerdocio es eterno (*7:25*).

    B. <u>Cristo trae un mejor pacto</u> (*8:1-13*)

- La obra de Cristo está en el cielo, no en la tierra (*8:1-6*).

En resumen, lo que venimos diciendo es esto: Tenemos tal sumo sacerdote que se sentó a la diestra del trono de la Majestad en los cielos, ministro del lugar santísimo y del verdadero tabernáculo que levantó el Señor y no el hombre (8:1-2).

- o *"Tabernáculo"* – En la historia temprana de Israel, el pueblo adoraba en una tienda de campaña.
  - Dios vivía en el lugar Santísimo del tabernáculo.
  - En la historia posterior, Israel tenía un templo. Dios estaba aún en el lugar santísimo.

- En el tabernáculo de Moisés, el sumo sacerdote entraba al lugar santísimo sólo una vez al año.
  - En el tabernáculo del cielo, el sumo sacerdote está con Dios todo el tiempo.
  - *"Los cuales sirven"* – El tiempo presente muestra que el templo judío aún estaba en pie cuando Hebreos fue escrito (*8:4*).
  - El sacerdocio terrenal y el tabernáculo terrenal eran sombras de lo que está en el cielo (*8:4*).
    - Dios dio a Moisés instrucciones claras (*8:5*). (Ver *Ex. 25:40*).
    - El tabernáculo era un símbolo de cómo los humanos llegaron a un Dios santo (*8:6*).
  - Cristo trae a los humanos a Dios en un mejor pacto (*8:6*).
- El nuevo pacto es mejor que el antiguo pacto (*8:7-9*).

Porque si el primer pacto hubiera sido sin defecto, no se habría procurado lugar para un segundo (8:7).

  - La ley de Moisés representa el antiguo pacto (Ver *Ex. 19:5*).
  - Incluso los escritores en el Antiguo Testamento sabían que un nuevo pacto vendría (*8:8-12*).
    - Ver *Jer. 31:31-34*.
    - Dios hizo que el antiguo pacto con Su pueblo, Israel y Judá.
    - El antiguo pacto incluía promesas espirituales para todas las personas.
    - En el nuevo pacto, Dios cumple la promesa de traer la salvación a todas las personas.

Lea Hebreos 8:3-9. Escriba las maneras en que el Nuevo Pacto muestra el plan de Dios para la salvación.

- El Nuevo Pacto reemplaza el antiguo pacto (*8:13*).
  - o Dios cumplió Su promesa a Abraham. A través de Cristo, todas las personas tienen la salvación.
  - o Cristo toma el lugar de la ley de Moisés (Ver *Ro. 4:16-17; Gá. 3:7-9, 14; Ef. 2:12*).

Palabra clave

Pacto: Esto puede significar un acuerdo, o puede significar una determinación. El autor de Hebreos usa la palabra a lo largo de *9:15-20* para demostrar que Cristo murió para hacer que el nuevo pacto entrase en vigor (Ver *9:15-18, 20; 13:20; Mt. 26:28; Gá. 3: 17*).

C. <u>Cristo sirve en un mejor tabernáculo</u> (*9:1-28*)
- El tabernáculo de Moisés era terrenal (*9:1-10*).
  - o Un velo separaba las dos partes del tabernáculo (*9:2-5*).
    - La primera parte ocupaba el candelero (Ver *Ex. 25:31-40*) y una mesa de panes de la proposición (Ver *Lv. 24:5-8*) y el altar del incienso (Ver *Ex. 30:1-6*).
    - En la segunda parte, el lugar Santísimo, ocupaba el Arca de la Alianza. En el arca estaban los Diez Mandamientos (Ver *Ex. 25:10-16*) una vasija de maná y la vara de Aarón. La vara era un símbolo de la autoridad del sacerdocio.
    - En la parte superior del arca estaba el propiciatorio. Dios mostraba Su presencia allí.
  - o Los sacerdotes guiaban al pueblo en adoración (*9:6-10*).
    - Sólo el sumo sacerdote entraba en el Lugar Santísimo. Él entraba sólo una vez al año. Este era el Día de la Expiación (Ver *Lv. 16*).
    - El tabernáculo terrenal ilustra la verdad espiritual. El antiguo sistema de sacrificios no trajo la salvación.
- El tabernáculo de Cristo es celestial (*9:11-28*).
  - o El tabernáculo de Cristo es de una calidad diferente al tabernáculo de Moisés (*9:11-15*).
    - *"el Espíritu eterno"* – Las tres Personas de la Trinidad se incluyen en la purificación (*9:14*).

Por esta razón, también es mediador del nuevo pacto, para que los que han sido llamados reciban la promesa de la herencia eterna (9:15).

- o Cristo es el sacrificio en el verdadero tabernáculo (*9:16-28*).
  - Cristo es ahora el que va entre el hombre y Dios.
  - Un testamento legal entra en vigencia después de la muerte. La muerte de animales puso al antiguo pacto en vigor. La muerte de Cristo pone el nuevo pacto en vigor.
  - Cristo se entregó como el sacrificio final.

Pero ahora, él se ha presentado una vez para siempre en la consumación de los siglos, para quitar el pecado mediante el sacrificio de sí mismo. Entonces, tal como está establecido que los hombres mueran una sola vez, y después el juicio, así también Cristo fue ofrecido una sola vez para quitar los pecados de muchos. La segunda vez, ya sin relación con el pecado, aparecerá para salvación a los que le esperan (9:26 b-28).

D. <u>Cristo es un mejor sacrificio</u> (*10:1-18*)
- El sacrificio de Cristo fue parte del plan de Dios para salvación (*10:1-18*).
  - o La sangre de los animales no puede quitar el pecado (*10:1-4*).
    - *"lo por venir"* – La ley instruyó al pueblo a sacrificar. Esta fue una idea del sacrificio final de Cristo.
    - La ley no podría traer la salvación.

Porque la ley, teniendo la sombra de los bienes venideros y no la forma misma de estas realidades, nunca puede, por medio de los mismos sacrificios que se ofrecen continuamente de año en año, hacer perfectos a los que se acercan (10:1).

o Cristo mostró Su obediencia (*10:5-10*).
  ▪ *"está escrito de mí"* – El escritor cita *Sal. 40:6-8*.
  ▪ Incluso en el Antiguo Testamento, los sacrificios por sí solo no agradaban a Dios.
  ▪ Dios usó el primer sistema de sacrificio para señalar la obediencia de Cristo.

El quita lo primero para establecer lo segundo. Es en esa voluntad que somos santificados, mediante la ofrenda del cuerpo de Jesucristo hecha una vez para siempre. (10:9b-10).

o En el sacrificio final, Cristo terminó la obra de salvación de la humanidad del pecado (*10:11-18*).
  ▪ *"diestra de Dios"* – Cristo ahora está sentado en el lugar de honor más alto (*10:12*).
  ▪ *"perfectos para siempre... siendo santificados"* – Dios declaró "no culpables" a los humanos que creen por el sacrificio final de Cristo. Ahora el Espíritu Santo obra en nosotros para hacernos más semejantes a Cristo (*10:14*).

• Cristo hizo el sacrificio final. Ahora los humanos que creen pueden entrar en el verdadero santuario (*10:19-25*).
  o Jesús quitó la cortina que separaba al hombre de Dios (*10:20*).
  o La obra de Cristo como Sumo Sacerdote es completa.
  o *"purificados los corazones... lavados los cuerpos"* – El sumo sacerdote se limpiaba antes de entrar al lugar Santísimo. Cristo nos limpia para que podamos ir a Dios.

Retengamos firme la confesión de la esperanza sin vacilación, porque fiel es el que lo ha prometido. Considerémonos los unos a los otros para estimularnos al amor y a las buenas obras. No dejemos de congregarnos, como algunos tienen por costumbre; más bien, exhortémonos, y con mayor razón cuando veis que el día se acerca (10: 23-25).

- o Ya que Jesús nos lleva a Dios, los creyentes pueden ayudarse unos a otros en las siguientes maneras:
    - Acercarse a Dios.
    - Mantener la esperanza.
    - Estimularse al amor y a las buenas obras.
    - Reunirse juntos.
    - Animarse el uno al otro.
- Palabra de consejo: No vuelva a pecar (*10:26-39*).
    - o *"Pecar voluntariamente"* – elegir rechazar a Dios (*10:26*) (Ver *Nm. 15:30-31*). Este pasaje habla de una actitud de pecado, no los pecados individuales. Dios es fiel para perdonar el pecado (Ver *1 Jn. 1:8-9*).
    - o El cristiano que muestra esta actitud insulta al Espíritu Santo. Dios se ocupará de esta persona. Esto puede ocurrir en esta vida o en el tiempo futuro del juicio (*10:29-30*). (Ver *Dt. 32:35-36*).
    - o *"Recuerde los días anteriores"* – Los lectores sufrieron a causa de su fe, pero se mantuvieron fuerte.
    - o *"No desechéis la confianza"* – No deje de estar seguro de Cristo (*10:35*). Algunos lectores pensaron en volver a costumbres judías.
    - o *10:37-38* cita de *Hab. 2:3-4*.
        - Cristo volverá. Dios terminará Su plan de salvación.
        - El escritor confía que los lectores continuarán por fe (*10:39*).

4. La fe es un principio superior (*11:1-13:25*)

A. <u>Ejemplos de fe</u> (*11:1-40*)
- La fe ve lo que se espera como real (*11:1*).

La fe es la constancia de las cosas que se esperan y la comprobación de los hechos que no se ven (11:1).

- El Antiguo Testamento está lleno de gente que tenía fe verdadera.
  - Abel: Dios aceptó el sacrificio de Abel por su fe (*11:4*). (Ver *Gn. 4:3-4*).
  - Enoc: Dios se lo llevó al cielo sin morir (*11:5-6*). (Ver *Gn. 5:21-14*).
  - Noé: Dios le dijo a Noé que construyera un arca, y Noé obedeció en la fe (*11:7*). (Ver *Gn. 6:13-22*).
  - Abraham: Dios llevó a Abraham a una tierra nueva, y Abraham siguió en la fe (*11:8-10*). (Ver *Gn. 12:1-4*).
  - Sara: Dios le prometió a Sara que tendría un hijo que vino por la fe, no por la acción humana (*11:11-12*). (Ver *Gn. 17:19*).

Conforme a su fe murieron todos éstos sin haber recibido el cumplimiento de las promesas. Más bien, las miraron de lejos y las saludaron, y confesaron que eran extranjeros y peregrinos en la tierra (11:13).

  - Estas personas murieron antes de Cristo naciera. Ellos no vieron el final del plan de Dios para la salvación. Ellos creyeron en fe que era cierto (*11:13-16*).
- El escritor continúa con ejemplos de la fe.
  - Abraham: Dios probó a Abraham cuando le dijo que sacrificara a su hijo. Abraham tenía fe en el plan de Dios (*11:17-19*). (Ver *Gn. 22*).
  - Isaac, Jacob y José: Todos creían que Dios cumpliría Su promesa en el futuro (*11:20-22*). (Ver *Gn. 28:26-40; 48:1-20; 50:24-25*).
  - Moisés: Dios le mostró Su plan para su pueblo en la vida de Moisés. Moisés respondió con fe (*11:23-29*). (Ver *Ex. 2:1-3; 11-15; 10:28; 12:21; 14:22-29*).
  - Josué y Jericó, Dios prometió a Su pueblo una nueva tierra. Josué guió al pueblo en la fe (*11:30*). (Ver *Jos. 6:20*).
  - Rahab: No era una israelita, pero Dios la salvó por su fe (*11:31*). (Ver *Jos. 6:23*).

o Muchas más fueron las personas de fe: Gedeón (Ver *Jue. 6:11*) Barac (*Jue. 4:6-24*) Sansón (*Jue. 13:24*) Jefté (*Jue. 11:1-29*) David (*1 S. 16:17*) Samuel (*1 S. 7:9-14*).

Palabra clave

Fe: El escritor de Hebreos se enfatiza en la promesa de la fe. Los ejemplos de la fe muestran tanto lo que el pueblo no pudo ver y lo que Dios planeó. Las personas que tienen la promesa toman acción por fe.[10]

o *"Algunos experimentaron vituperios y azotes..."* – (*11:35-38*) No todos los que creen serán liberados del sufrimiento y dolor en este mundo, pero ellos serán recompensados en el mundo venidero.

¿Cuál es su respuesta al hecho de que el sufrimiento y el dolor es a veces la manera de trabajar de Dios en nuestras vidas?

B. <u>La fe perdurable</u> (*12:1-13*)
   • Jesús es el ejemplo supremo de la fe (*12:1-3*).

Por tanto, nosotros también, teniendo en derredor nuestro tan grande nube de testigos, despojémonos de todo peso y del pecado que tan fácilmente nos enreda, y corramos con perseverancia a la carrera que tenemos por delante, puestos los ojos en Jesús, el autor y consumador de la fe; quien por el gozo que tenía por delante sufrió la cruz, menospreciando el oprobio, y se ha sentado a la diestra del trono de Dios (12:1-2).

o *"Por tanto"* – Esta palabra conecta la enseñanza anterior con la acción en la vida espiritual (*12:1*).

o *"Nube de testigos"* – Esta es la imagen atlética. Los atletas están rodeados al correr en la carrera.

- Los testigos son las personas mencionadas en el *capítulo 11*. Corrieron la carrera de la fe en sus vidas.
- Los testigos nos muestran la verdad de la fe. Su ejemplo nos inspira.[11]

o *"Despojémonos de todo peso"* – Los corredores se quitan todo lo que les reduce la velocidad, incluso ciertas prendas de vestir (*12:1*). (Ver *Col. 3:8*).

o *"La carrera que tenemos por delante de nosotros"* – Nosotros no estamos corriendo sin un objetivo. No estamos corriendo para hacer ejercicio. Estamos corriendo hacia la línea de meta (*12:1*). (Ver *Ro. 12:12*).

o *"Los ojos en Jesús"* – Si miramos a nuestro alrededor durante la carrera, vamos a reducir la velocidad. Céntrese en Cristo (*12:2*).

o *"El autor y consumador"* – Nuestra fe viene de Cristo (Ver *2:10*) y Cristo ha hecho todo lo que necesitamos para la salvación (*12:2*).

o *"El gozo puesto delante de Él..."* – Cristo corrió hacia la línea de meta. Esta es la razón para seguir corriendo (*12:2b-3*). (Ver *Lc. 24:26*).

- Cristo sufrió la cruz. No prestó atención a la desgracia de la cruz. Se centró en el objetivo de la salvación.
- Cristo nos da un ejemplo de correr hacia la meta con gozo. Esto podría significar el sufrimiento.

o Cuando terminó la carrera, Cristo se sentó a la *"diestra del trono de Dios"*, un lugar de honor (*12:2*). (Ver *Fil. 2:8-11*).

o *"Tenga en cuenta cómo..."* En tres versículos (*12:1-3*) el escritor señala el ejemplo de Cristo tres veces.

¿De qué manera los ejemplos de la fe de otras personas le ayudan en su fe?

¿De qué manera le ayuda el ejemplo de fe de Jesús?

- La fe perdura en tiempos difíciles (*12:4-13*).
  - Dios disciplina a sus hijos por amor (*4:5-8*). (Ver *Pr. 3:11-12*).
  - *"Soportar la disciplina"* – Incluso el sufrimiento nos ayuda a entrenar a seguir a Cristo y a participar en la carrera (*4:9-11*).
    - Los padres terrenales entrenan a sus hijos por su propio bien. Nuestro Padre celestial nos disciplina para hacernos santos.
    - *"fruto de justicia"* – El beneficio de la dificultad viene después.
  - Ver *Is. 35:5*. Los creyentes acumulan fuerzas para correr la carrera (*12:12-13*).
- Palabra de consejo: No rechace a Dios (*12:14-29*).
  - Siga una vida santa, evitando peligros (*12:14-17*).

Procurad la paz con todos, y la santidad sin la cual nadie verá al Señor. Mirad bien que ninguno deje de alcanzar la gracia de Dios (12:14-15a).

  - No rechace la oferta de salvación de Dios (*12:15*).
    - No permita que la amargura crezca entre los creyentes (*12:15*).
    - No sea sexualmente inmoral (*12:16*).[12]
    - No sea profano. Esaú renunció a su herencia. Él puso más valor a la comida que a la promesa de Dios (*12:16-17*).
  - Dos montes: el Monte Sinaí y el Monte Sión (*12:18-29*).
    - *"monte"* – Moisés recibió la ley de Dios en el Monte Sinaí. Dios mostró Su santidad. El pueblo tembló de miedo. Este es el antiguo pacto (*12:18-21*). (Ver *Dt. 4:11; 5:11; Ex. 20:18-26*).

- Los creyentes reciben la gracia de Dios en el Monte Sión celestial. Este es el nuevo pacto (*12:22-24*). (Ver *Ex. 24:8; Gn. 4:10*).
  - o Dios se reveló más por la gracia que por la ley (*12:25-29*).
    - Un mayor conocimiento trae mayor peligro (Ver *2:2-3*).
    - *"fuego consumidor"* – El juicio de Dios sobre aquellos que lo niegan a Él (*12:29*). (Ver *Dt. 4:24*).

C. <u>Instrucciones para la vida cristiana en la práctica diaria</u> (*13:1-17*)
  - Reglas para la vida cristiana (*13:1-17*).
    - o El amor es la primera regla (*13:1*).
    - o Practique la hospitalidad. Usted puede estar ayudando a alguien a quien Dios envió (*13:2*). (Ver *Gn. 18-19; Jue. 6, Ro. 12:10*).
    - o Recuerde a aquellos que sufren. *"Acordaos de los presos"* – los creyentes perseguidos por la fe (*3:3*).[13]
    - o No contamine el cuerpo (*13:4*). (Ver *Pr. 5:18-19; 1 Co. 6:9*).
    - o No codicie (*13:5-6*). (Ver *Dt. 31:6, 8*).
    - o Respete a los líderes (*13:7, 17-18*).
      - Los líderes de la Iglesia, los ancianos deberían ser ejemplos de cómo vivir la vida de fe que están enseñando.
      - Los buenos ancianos son como fieles pastores del rebaño que se preocupan profundamente por las ovejas. Ellos un día darán cuenta a Dios por aquellos que estén dentro de su rebaño.
    - o Aférrese a la enseñanza correcta (*13:8-9*).
    - o Adore espiritualmente (*13:10-16*).
  - El escritor pide oración (*13:18-19*).
  - Observaciones personales y bendiciones (*13:20-25*).

Sugerencias para la predicación de Hebreos

* Muestre la diferencia entre el sistema de sacrificio del Antiguo Testamento y el sacrificio de Cristo de sí mismo por nosotros.

* Estudie la relación entre la fe y la resistencia en tiempos de pruebas.

* Busque las formas que el autor anima a la madurez espiritual, en vez de inmadurez.

Capítulo 12

Santiago

El Nuevo Testamento menciona a cinco hombres llamados Santiago: Santiago, el hermano de Juan, ambos discípulos (*Mt. 4:21*) Jacobo hijo de Alfeo, otro discípulo (*Mt. 10:3*) el padre de Judas (*Lc. 6: 16*) y Santiago, el medio hermano de Jesús (*Mt. 13:55*). El hermano de Jesús se convirtió en el líder de la iglesia en Jerusalén (*Hch. 15:3; Gá. 2:9*). Él es el autor más probable del libro de Santiago.

Santiago no envió esta carta a una iglesia. Los lectores eran cristianos que vivían fuera de Palestina. Santiago a menudo habla de los que son pobres y del sufrimiento. Es posible que los lectores sufrieran a causa de su fe. Santiago escribió en algún momento entre el año 44 y 62 DC.[1]

Muchos libros en el Nuevo Testamento enseñan doctrinas de la fe cristiana. Santiago tiene un propósito práctico. El autor parece decir, "Si usted cree en Jesús, sus acciones lo demostrarán." A menudo utiliza figuras de la palabra para expresar una idea. Él nos da muchos ejemplos. El libro es una serie de secciones cortas, en lugar de largas ideas teológicas. Algunos comentaristas dicen que el libro de Santiago es el "Proverbios" del Nuevo Testamento.

Qué esperar:
Palabras claves: fe y obras, hermanos, pruebas.

Sugerencia: Abra su Biblia en Santiago para que pueda seguir las lecturas.

1. Introducción (*1:2-18*)

A. <u>Responda a las pruebas de afuera</u> (*1:2-11*)
- Mire las pruebas con alegría (*1:2-4*).
  - *"Prueba de vuestra fe"* – La prueba demuestra lo que es verdad. Las pruebas demostraban si una moneda era real

(*1:2*). (Ver *1 P. 1:7*). La prueba de monedas y selección de material era a menudo hecha por el fuego.

- o *"Paciencia"* – Dios está obrando en nuestras pruebas ayudándonos a resistir la presión. La obra de Dios trae alegría (*2:3-4*).
- Enfrente las pruebas con fe (*1:5-8*).
  - o Pídale a Dios sabiduría. Él da generosamente (*1:5*). (Ver *Sal. 111:10; Pr. 9:10*).
  - o Pregunte en la fe. "La duda" es una mente dividida. Esto no quiere decir que no está seguro en el momento. Esto significa tener dos lealtades en su vida (*5:6-7*).
- Las riquezas no son la respuesta a los problemas de la vida (*1:9-11*).
  - o *"Humilde"* – alégrese de ver a Dios obrar en su vida (*1:9*).
  - o *"Rico"* – humildad significa depender de Dios, no de sus riquezas (*1:10*).
  - o La vida es corta. Dependa de Dios (*1:11*). (Ver "La parábola del rico insensato" (*Lc. 12:13-21*).

Palabra Clave

Prueba: Cuando nos enfrentamos a los problemas, podemos ver si nuestra fe es verdadera. Las pruebas hacen nuestra fe más pura. El ejemplo de Cristo nos muestra cómo responder al sufrimiento

B. <u>Responda a las pruebas de adentro</u> (*1:12-18*)
  - La tentación viene de dentro de nosotros (*1:12-15*)
    - o *"Corona de vida"* – La Biblia utiliza varias ilustraciones de la recompensa del creyente en el juicio (*1:12*) (Ver *2 Co. 5:10; 1 Co. 3:8-13; 9:25; Ap. 2:10; 3:5; 22:12*).
    - o Las tentaciones no provienen de Dios. Dios no tratar de hacer pecar a las personas (*1:13*).

Nadie diga cuando sea tentado: "Soy tentado por Dios"; porque Dios no es tentado por el mal, y él no tienta a nadie.

Pero cada uno es tentado cuando es arrastrado y seducido por su propia pasión (1:13-14).

- o Las tentaciones provienen de nuestros deseos (*1:14-15*).
  - ▪ Las pruebas se convierten en tentaciones cuando el deseo nos hace querer algo.
  - ▪ El deseo se convierte en pecado, y el pecado se convierte en una acción que lleva a la muerte.
  - ▪ La tentación tiene tres etapas: el deseo, el pecado y la muerte (Ver *Gn. 3:6-22 y 2 S. 11:2-17*).
- Dios nos da dones buenos y perfectos (*1:16-18*).
  - o Dios, el Creador es el que nos da la vida y la salvación.

Toda buena dádiva y todo don perfecto proviene de lo alto y desciende del Padre de las luces, en quien no hay cambio ni sombra de variación (1:17).

- o *"Don bueno y perfecto"* – literalmente esto significa, "toda buena acción de dar." Los seres humanos no pueden dar los dones que Dios da (*1:17*).[2]
- o Nuestras experiencias en la tierra pueden desviarse y cambiar. Dios, que nos da a nosotros, no cambia (*1:18*).

2. Temas principales: Ser pronto para oír, tardo para hablar, tardo para airarse (*1:19-20*)

Sabed, mis amados hermanos: Todo hombre sea pronto para oír, lento para hablar y lento para la ira; porque la ira del hombre no lleva a cabo la justicia de Dios (1:19-20).

- Estas ideas son la idea principal del resto del libro de Santiago.
- Cuando no vivimos estas ideas, no damos gloria a Dios.

3. Sea pronto para oír (*1:21-2:26*)

A. <u>Las buenas obras resultan de escuchar la Palabra de Dios</u> (*1:21-27*)
- Sea una persona que oye la Palabra de Dios (*1:21*).
  - o *"Recibid la palabra implantada"* – Dios pone Su Palabra en nosotros. Debemos ser el suelo donde pueda echar raíces.[3]
- Sea una persona que toma acción en lo que escucha (*1:22-25*).
  - o Escuchar la Palabra y no obedecer significa que somos engañados (*1:22*). (Ver *Mt. 7:21-28*).
  - o *"Perfecta ley de la libertad"* – la ley del amor (*1:25*). (Ver *Mt. 26:36-40; Ef. 3:17-19*).
- La verdadera religión se muestra en las acciones (*1:26-27*).

Si alguien parece ser religioso y no refrena su lengua, sino que engaña a su corazón, la religión del tal es vana. La religión pura e incontaminada delante de Dios y Padre es ésta: visitar a los huérfanos y a las viudas en su aflicción, y guardarse sin mancha del mundo (1:26-27).

  - o *"Religioso"* – actos externos de religión.[4] (Ver *Hch. 26:5; Col. 2:18*).
  - o La verdadera religión no se basa en las ceremonias. Se trata de hacer lo que Dios quiere que hagamos en el mundo sin tomar los valores del mundo.

B. <u>No muestre favoritismo personal</u> (*2:1-13*)
- Respete a todas las personas (*2:1-7*).
  - o *"Fe de nuestro Señor Jesucristo"* – Cristo murió por el mundo. Trate a cada persona como alguien que ama a Dios (*2:1*).
  - o ¿Cómo trataría a una persona rica? ¿Cómo trataría a una persona pobre? Conceda a ambos el mismo respeto, sin juzgar (*2:2-4*).
  - o Dios valora a los pobres. Él los hace ricos en la fe (*2:5*).
  - o Ser rico puede hacer a las personas demasiado orgullosas. Los pobres merecen honra (*2:6-7*).

Palabra clave

Hermanos: Santiago usa esta palabra 15 veces. Él escribe para corregir las acciones, pero escribe con amor fraternal.

- Cumplir con la ley real (*2:8-13*).
  - o Esta es la ley del amor. El amor es el principio fundamental de la forma en que obedecemos a Dios (*2:8*). (Ver *Lv. 19:18; Mt. 22:39*).
  - o Mostrar favoritismo es lo contrario de la ley del amor (*2:9*).
  - o *"Culpable de todos"* – No podemos escoger y elegir las formas en que agrada a Dios. Debemos decidir seguir la ley del amor, incluso cuando no la queremos.
  - o Si fracasamos en una parte, fracasamos en todas las partes de la ley (*2:10-11*).
  - o *"La ley de la libertad"* – la ley real del amor da libertad para obedecer (*2:12*).
  - o *"Juicio"* – Esto no es un juicio acerca de la salvación. Santiago escribe a las personas que creen. Más bien, este juicio da recompensas a los creyentes (*2:12-13*). (Ver *1 Co. 3:12-15; 2 Co. 5:10; Ap. 22:12*).

C. <u>La fe y las obras van juntos</u> (*2:14-26*)
  - La fe sin obras está muerta (*2:14-20*).

Hermanos míos, si alguno dice que tiene fe y no tiene obras, ¿de qué sirve? ¿Puede acaso su fe salvarle? (2:14).

  - o Santiago no está diciendo que la fe no salva. Por el contrario, la fe está sólo en la mente no es fe verdadera. Nosotros verdaderamente creemos lo que vivimos.
  - o Santiago utiliza un ejemplo práctico.
  - o *"La fe en sí misma... es muerta"* – Esta fe está sólo en la mente. No ha cambiado el corazón. Nunca estaba vivo (*2:17*).

Use sus propias palabras para explicar lo que Santiago dice acerca de la fe y las obras.

Sin embargo, alguno dirá: "Tú tienes fe, y yo tengo obras." ¡Muéstrame tu fe sin tus obras, y yo te mostraré mi fe por mis obras! (2:18).

- o No hay "cristianos de fe" y "cristianos de obras."
- o La fe verdadera en Jesús con el tiempo se manifestará en las acciones hacia los demás.
- o Incluso los demonios saben que hay un Dios verdadero. La fe no es conocer mentalmente (*2:19*).
- o La fe y las obras no están separadas la una de la otra. Es absurdo tratar de tener la una y la otra no (*2:20*).
- • Abraham y Rahab son ejemplos de fe en la obra (*2:21-26*).
  - o Abraham obedeció a Dios cuando puso a su hijo en el altar. Él no ganó la salvación de esta manera. Por el contrario, mostró su fe (*2:21-24*).
    - ▪ La fe lleva a la acción. Las acciones hacen plena la fe.
    - ▪ Dios declaró a Abraham "no culpable" a causa de su fe (*2:23*). (Ver *Gn. 15:6; Ro. 3:28; Ro. 4:3; Gá. 2:15-16*).
  - o Rahab ayudó a los espías de Israel, porque creía en Dios (*2:25*). (Ver *Jos. 2; He. 11:31*).

Palabras claves

Fe y Obras: El apóstol Pablo utiliza "fe" y "obras" en sus cartas. Cuando Pablo dice "obras," el quiere decir el esfuerzo humano para cumplir la ley judía legal. Él dice que esto es imposible de hacer. Dios nos llama "no culpables" de violar la ley, porque Cristo guardó la ley. Dios nos salva por la fe. En Santiago, "obras" significa las acciones prácticas de los cristianos. Estas obras muestran la fe verdadera. Porque tenemos fe, lo mostramos en nuestras acciones.

4. Sea tardo para hablar (*3:1-18*)

A. <u>Controle la lengua</u> (*3:1-12*)

- Los maestros tienen una responsabilidad especial (*3:1-5a*).

Hermanos míos, no os hagáis muchos maestros, sabiendo que recibiremos juicio más riguroso (3:1).

- o Los maestros usan la lengua para enseñar acerca de la verdad de Dios. Pero es fácil hacer mal uso de la lengua. Lo que enseñamos refleja nuestras vidas.
- o Todos son pecadores (*3:2*).
- o Una pequeña acción, aunque sea una palabra, puede tener un gran resultado.
  - *"dirigimos su cuerpo entero"* – 3:2-3. Un pequeño freno en la boca del caballo controla todo el animal. Retener palabras equivocadas mantiene todo el cuerpo de hacer el mal.
  - *"timón"* – una pequeña pieza gira toda la nave (*3:4 a*).
- La lengua es poderosa (*3:5b-12*).

¡Mirad cómo un fuego tan pequeño incendia un bosque tan grande! Y la lengua es un fuego; es un mundo de maldad (3:5b-6).

- o *"Contamina todo el cuerpo"* – Usar la lengua para hablar de la manera incorrecta es el comienzo de muchos pecados (*3:6*). (Ver *Pr. 16:27, Mt. 12:36*).
- o *"al curso de nuestra vida"* – La lengua afecta a toda la vida (*3:6*).
- o *"Inflamada por el infierno"* – Esto contrasta con el fuego purificador del Espíritu Santo (*3:6*). (Ver *Hch. 2:2-4; Is. 6:5*).

¿Por qué cree usted que Santiago escribe mucho acerca de lo que dicen los creyentes?

- o Los seres humanos domestican animales salvajes, pero no pueden domar su propia lengua (*3:7-8*).
  - *"mal incontrolable, llena de veneno mortal"* – sólo Dios puede domar la lengua (Ver *Ef. 4:29; 5:4*).
- o *"semejanza de Dios"* – Dios creó al hombre a Su imagen (*3:9*). (Ver *Gn. 1:26*). Todas las personas reflejan la imagen de Dios. Maldecir a otra persona deshonra a Dios.

¿Será posible que de un manantial brote agua dulce y amarga por la misma abertura? Hermanos míos, ¿puede la higuera producir olivas, o la vid higos? Tampoco de una fuente de agua salada brota agua dulce (3:11-12).

- Nosotros usamos la misma lengua para bendecir al Señor y maldecir a otros.
- Si la lengua está fuera de control, realmente no estamos bendiciendo a Dios.
- Consejos para domar la lengua:
  1. Recuerde que las palabras pueden dañar o curar (*Pr. 12:18*).
  2. Diga la verdad en amor (*Ef. 4:15, 25*).
  3. Hable con la gracia y use palabras edifiquen y no palabras que ataquen (*Ef. 4:29*).
  4. Escuche antes de hablar (*Pr. 18:13*).
  5. Tómese el tiempo para conocer el verdadero significado detrás de las palabras de una persona (*Pr. 20:5*).
  6. Ore para que Dios nos ayude con nuestras palabras (*Sal.141:3*).

7. Mantenga de manera confidencial nuestros desacuerdos con otros (*Pr. 16:28; 25:9*).

8. No se involucre en peleas. Es posible estar en desacuerdo de una manera agradable (*Pr. 17:14; 20:3*).

9. Si alguien lo critica o ataca, no responda de la misma manera (*Ro. 12:17, 21; 1 P. 2:23*).

B. <u>Actué con prudencia antes de hablar</u> (*3:13-18*)
- La Buena conducta muestra sabiduría (*3:13-16*).
  - o *"Sabio y entendido... mansedumbre de sabiduría"* –el conocimiento sólo no es suficiente. La sabiduría hace una diferencia en nuestras vidas (*3:13*). (Ver *Dt. 1:13; Is. 5:21*).
    - La sabiduría utiliza el conocimiento para agradar a Dios.
    - *"mansedumbre de sabiduría"* – comparado con el orgullo del conocimiento.
  - o La sabiduría orgullosa es la sabiduría humana que trae confusión.
- La verdadera sabiduría viene de Dios (*3:17-18*).

En cambio, la sabiduría que procede de lo alto es primeramente pura; luego es pacífica, tolerante, complaciente, llena de misericordia y de buenos frutos, imparcial y no hipócrita (3:17).

  - o Características de la sabiduría (*3:17*).
  - o *"Fruto de justicia"* – Resultados de la sabiduría que Dios da (*3:18*).

5. Sea tardo para airarse (*4:1-5:12*)

A. <u>Resuelva los conflictos a través de la humildad</u> (*4:1-10*)
- Los conflictos vienen de deseos egoístas (*4:1-5*).
  - o *"Guerras y pleitos"* – provienen de nuestros deseos pecaminosos (*4:1*).

o Santiago está escribiendo a los creyentes. Los cristianos caen en estos pecados (*4:2*).

o *"Pedís mal"* – Ore por la voluntad de Dios, no por sus propios deseos (*4:2-3*).

o Cuando queremos lo que el mundo ofrece, nos alejamos de Dios (*4:4-5*). (Ver *1 Jn. 2:15; Gá. 1:4; Gn. 6:5*).

- Vivir en la gracia de Dios significa vivir con humildad (*4:6-10*).

Dios resiste a los soberbios y da gracia a los humildes (4:6).

o Sométase a la sabiduría de Dios y reciba la gracia que usted necesita (Ver *Pr. 3:34*).

o Los mandatos llaman a la acción.

  - Sométase a Dios (*4:7*).
  - Resista al diablo (*4:7*). (Ver *Ef. 6:10-20*).
  - Acérquese a Dios (*4:8*).
  - Limpie sus manos (*4:8*). (Ver *Ex. 30:17-21; Sal. 24:4*).
  - Purifique su corazón (*4:8*). (Ver *1 P. 1:22*).
  - Afligíos, lamentad y llorad. Vuelva a reír para llorar, alegría a la tristeza (*4:9*). Estas son palabras de arrepentimiento. No celebre el pecado.
  - Humíllese (*4:10*). (Ver *Mt. 23:12; 1 P. 5:6*).

¿Cómo estos mandatos en 4:7-10 muestran un espíritu humilde?

B. <u>Retenga el juicio</u> (*4:11-12*)
- No juzgarse los unos a los otros (*4:11*). (Ver *Mt. 7:1*).
- Cuando juzgamos a los demás, no practicamos la ley del amor.
- Dios es el Juez (*4:12*). (Ver *Ro. 14:4*).

C. <u>Confíe en Dios y no sea orgulloso</u> (*4:13-17*)

- No está mal hacer un plan. Está mal dejar a Dios fuera del plan (*4:13-15*). (Ver *Pr. 17:1*).
  - o No sabemos el futuro, pero Dios sí.
  - o No podemos planificar nuestra vida basada solamente en el conocimiento humano. Dependa de Dios.
    - Puesto que nuestra vida es tan corta, y como un vapor, no podemos alardear de lo que haremos para Dios mañana.
    - Pero si entiende algo que se supone que hará hoy y posterga entonces usted habrá incurrido en el pecado de presunción (*4:13-17*).
- Las actitudes pecaminosas nos impiden depender de Dios (*4:16-17*). (Ver *1 Co. 5:6*).

D. <u>Cuando alguien lo trate injustamente, sea paciente</u> (*5:1-12*)
  - Si usted es rico, tenga cuidado de no estar orgulloso (*5:1-6*).
    - o Santiago escribió a los ricos que abusaron de su dinero a trabajar en contra de los pobres.
    - o Esta actitud hacia el dinero acumula de juicio (*5:1*).
      - Santiago escribe en el estilo de los profetas del Antiguo Testamento, que anunciaron juicio contra los ricos (Ver *Is. 3:14-15; 10:2*).
      - Dios juzgará a las personas que opriman a los pobres (Ver *Ez. 18:12-13*).
    - o Las riquezas terrenales no tienen valor espiritual (*5:2*).
      - *"vestidos," "oro y plata"* – signos de riqueza.
    - o Los ricos guardaban grandes cantidades de dinero (*5:3*). Ellos no pagaban a sus trabajadores (*5:4*). Vivían para el placer (*5:5b*).
    - o No está mal disfrutar de lo que Dios nos da. Está mal hacerse rico haciendo sufrir a otros.
  - Si usted sufre, espere en Dios (*5:7-11*).
    - o Los creyentes sufrieron en manos de los ricos. La respuesta es que esperamos la venida del Señor.
    - o Observe su actitud. Sea paciente. No se queje.

Hermanos, tomad por ejemplo de aflicción y de paciencia a los profetas que hablaron en el nombre del Señor. He aquí, tenemos por bienaventurados a los que perseveraron. Habéis oído de la perseverancia de Job y habéis visto el propósito final del Señor, que el Señor es muy compasivo y misericordioso (5:10-11).

- o Los profetas esperaron que Dios actúe. Muchos de ellos sufrieron mientras esperaban. Ver *Mt. 5:12* y las historias de Elías y Jeremías.
- o El Señor honró la perseverancia del trabajo con bendiciones.
- Mantenga su palabra (*5:12*).
  - o Santiago no quiere decir que un creyente no puede tomar un juramento solemne.
  - o Él habla en contra de usar el nombre de Dios de una manera casual, como prueba de que está hablando la verdad.
  - o Si usted dice que sí, entonces significa que sí. El Señor valora altamente la integridad.

6. Oración final (*5:13-20*)

A. <u>La oración y la alabanza son de gran alcance</u> (*5:13-18*)
- El que sufre puede orar, aun cuando otros sean felices (*5:13*).
  - o La oración nos puede dar gracia para soportar el sufrimiento (Ver *4:6 y 2 Co. 12:7-10*).
- El enfermo puede orar (*5:14-16*).
  - o *"Los ancianos"* – las autoridades de la iglesia. El Nuevo Testamento también llama a estas personas "obispos" (Ver *1 Ti. 3:1; 5:17; Tit. 1:5-9*).
  - o *"Ungiéndole con aceite"* – el poder sanador del Espíritu Santo.
  - o *"La oración de fe"* – Toda curación proviene de Dios.
  - o *"Si hubiere cometido pecados"* – El pecado no siempre causa la enfermedad. Sin embargo, la persona enferma

que ha pecado debería confesarse. La enfermedad no es siempre el resultado del pecado de una persona, pero el auto-examen y la acción es necesaria.

- Siga el ejemplo de Elías y ore sinceramente (*5:17-18*).

B. <u>Traiga de vuelta a los extraviados</u> (*5:19-20*)
- *"Extraviado de la verdad"* – los creyentes que han perdido su camino (*5:19*).
- Los demás deberían ayudar a los extraviados a encontrar su camino de regreso.
  - o *"Cubre multitud de pecados"* – la imagen del Antiguo Testamento para el perdón (Ver *Sal. 32:1*).
  - o El objetivo es restaurar a la persona a la iglesia y la comunión en el Cuerpo de Cristo local.

Sugerencias para la predicación de Santiago

- Explore el tema de fe en tiempos de pruebas.

- Enseñe sobre el lenguaje figurado literal y lo que Santiago enseña con cada imagen.

- Concéntrese en los peligros y las oportunidades de la lengua.

Figuras de discurso en el libro de Santiago: Lea cada versículo en su contexto. ¿Qué significan estas figuras de dicción?

1:6   ola del mar:

1:9   Flor del campo:

1:17   Sombra:

1:23   Mirarse en un espejo:

3:2-3   Freno, pedazo:

3:4   Timón:

3:6   Fuego:

3: 18   Veneno mortal:

3:12   Agua fresca, agua salada:

3:18   Cosecha:

4:13   Vapor:

4:5   Corazones engordado, masacre:

<h1 align="center">Capítulo 13</h1>

<h2 align="center">1 Pedro</h2>

Pedro, uno de los primeros doce discípulos de Jesús, escribió los libros de 1 y 2 Pedro. Sus lectores estaban dispersos por toda Asia Menor (hoy en día Turquía). Lo más probable es que Pedro escribió cuando estaba en Roma. Él dice que está "en Babilonia" (*5:13*). El Nuevo Testamento utiliza a menudo- "Babilonia" como un símbolo de Roma, el centro del Imperio Romano (*Ap. 14:8; 16:19, 17:5; 18:2*). Los lectores de Pedro también sabían que Babilonia era un lugar de exilio, así como lo fue en el Antiguo Testamento. La tradición nos dice que Pedro murió en Roma durante un período de persecución. Esto sucedió mientras Nerón era el emperador, 54-68 DC. Lo más probable es que Pedro escribió alrededor del año 62-64 DC.

Pedro escribió su primera carta para animar a los lectores que sufrieron a causa de su fe cristiana. Los cristianos llegaron a ser marginados, porque ya no adoraban a dioses paganos. A menudo ellos salieron de una ciudad debido a la persecución y buscaron seguridad en un nuevo lugar sólo para encontrar más sufrimiento. Pedro escribió para recordarles que eran peregrinos en este mundo. Su destino final era el cielo.

Qué esperar
Palabras claves: santidad, sufrimiento.

Sugerencia: Abra su Biblia en 1 Pedro para que pueda seguir las lecturas.

1. Consuelo en el sufrimiento (*1:1-25*)

A. <u>Saludos</u> (*1:1-2*)
- *"Elegidos conforme al previo conocimiento de Dios"* (Ver *Ef. 1:4, Ro. 8:29*). Los exiliados y dispersos necesitan recordar la posición segura y futura que tienen como los elegidos en Cristo. Nadie puede arrebatar esto. Es posible que podamos desviarnos de nuestro hogar físico debido al sufrimiento, pero nuestro hogar eterno siempre será seguro.

181

- *"La santificación"* - El Espíritu Santo influye a los creyentes a alejarse del pecado y a permanecer en santidad (Ver *2 Ts. 2:13.*).

B. <u>Dios da gracia en esta vida y en el futuro</u> (*1:3-12*)

Bendito sea el Dios y Padre de nuestro Señor Jesucristo, quien según su grande misericordia nos ha hecho nacer de nuevo para una esperanza viva por medio de la resurrección de Jesucristo de entre los muertos (*1:3*).

- Los cristianos tienen una esperanza futura (*1:3-5*). Pedro habla a menudo sobre el sufrimiento (Ver *1:6; 2:12; 18-25, 3:13-18, 4:1, 4, 12-19, 5:1, 7-10*). Pedro siempre responde al sufrimiento con esperanza. *"La esperanza viva"* indica la naturaleza eterna y permanente de esta esperanza.
  - o La esperanza cristiana no se trata de buenos deseos. Es una firme confianza.
  - o Nuestra confianza se basa en Jesús, porque Dios le levantó de entre los muertos.
- La esperanza en el futuro da propósito y perspectiva a las pruebas en el presente (*1:6-9*).
  - o Vivimos en el gozo, aun en el sufrimiento (*1:6, 8*).
  - o Las pruebas hacen que la fe sea más profunda y demuestra que es genuina, así como el calor muestra que el oro es puro (*1:7*).
  - o Nos regocijamos porque estamos recibiendo ahora nuestra salvación. Cada día nos acerca al día final (*1:9*). Los creyentes ya disfrutan de los elementos esenciales de su salvación, tales como la paz y la comunión con Dios y con otros cristianos, pero la posesión completa aguarda el regreso de Cristo.
- Nuestra esperanza viva fluye de lo que Dios dijo en el pasado (*1:10-12*).
  - o Los profetas del Antiguo Testamento sabían que un día llegaría la salvación (*1:10*).

o El Espíritu Santo habló por medio de los profetas (*1:11-12*).

C. <u>La santidad sigue al nuevo nacimiento</u> (*1:13-25*)
- Pedro comienza una serie de mandamientos para una vida santa que continúe por el resto de la carta. Dios es santo y nos quiere hacer santos (*1:13-16*).

Palabra clave:

Santo: Pedro utiliza esta palabra siete veces en sus dos cartas de una forma que habla sobre la vida santa (*1:5, 15-16, 2:9, 3:5*). No podemos ser santos por nosotros mismos. El Espíritu Santo nos transforma y nos da la capacidad de resistir al pecado. Una vida santa muestra que los cristianos somos el pueblo de Dios mientras esperamos el regreso de Cristo.

- Nuestra salvación tiene un precio. Cristo pagó el precio (*1:17-21*).
  - o El temor de Dios es la razón para una vida santa (*1:17*).
  - o Pedro apunta nuevamente a nuestra futura esperanza (*1:21*).
- La obediencia a la verdad de Dios se muestra en nuestras relaciones (*1:22-25*).
  - o El amor sincero es la marca de los creyentes (*1:21-22*). (Ver *Ro. 12:9; Jn 13:24-25; 1 Ts. 4:9-10*).
  - o *"La Palabra de Dios"* - lleva a las personas a Dios en el nuevo nacimiento (*1:23-34*).
    - Los profetas conocían la Palabra de Dios. Pedro predicó la Palabra de Dios.
    - La Palabra de Dios llama a las personas a arrepentirse de sus pecados.
    - La Palabra de Dios permanece para siempre.

2. **La santidad se muestra en la vida práctica (*2:1-3:22*)**

A. <u>La santidad comienza en nuestra experiencia con el Señor</u> (*2:1-3*)

- *"Por lo tanto,"* - Debido a lo que Dios ha hecho, somos diferentes (*2:1*).

  La colocación de estos vicios en este versículo significa que pueden impedir mucho el apetito de los cristianos por la Palabra de Dios.

  - o Pedro advierte a sus lectores a evitar la malicia, el engaño, la hipocresía, la envidia y la calumnia.
  - o El listado de estas malas acciones en este versículo sugiere que pueden impedir mucho el hambre de los cristianos por la Palabra de Dios.

- *"Desead la leche pura"* - Tener hambre por la Palabra de Dios es la forma en que un bebé tiene hambre por la leche (*2:2-3*).

  - o *"La leche"* no es la misma que en *1 Co. 3:2, He. 5:12-14*. En esos pasajes, tomar leche es un cuadro de inmadurez.
  - o El punto de Pedro es tener hambre por la Palabra de Dios.

B. <u>Vivir como Pueblo Santo</u> (*2:4-10*)

- Dios está edificando una casa espiritual en Su pueblo (*2:4-5*).

  - o *"Piedra viva"* – En contraste a los ídolos muertos de piedra.[1]
  - o *"Sacerdocio santo"* - En el Antiguo Testamento, sólo algunas personas eran sacerdotes. En el Nuevo Testamento, todos los creyentes son sacerdotes (*2:5*). (Ver *He. 7:26, He. 10:10*).

- Jesús es el fundamento de la casa espiritual (*2:6-8*).

  - o Pedro cita el Antiguo Testamento (*Is. 18:16; Sal. 118:22; Is. 8:14*).
  - o *"Tropiezo"* - La incredulidad sólo puede llevar a la destrucción (*2:8*).[2]

- Los cristianos pertenecen a Dios (*2:9-10*).

Pero vosotros sois linaje escogido, real sacerdocio, nación santa, pueblo adquirido, para que anunciéis las virtudes de aquel que os ha llamado de las tinieblas a su luz admirable (2:9).

- o *"Pueblo escogido"* - Ver *Ef. 1:4; Is. 43:10, 20; Is. 44:1-2*. Este término incluye ahora tanto a creyentes judíos y a gentiles.
- o *"Real sacerdocio"* - Ver *Ex. 19:6, Ap.1:6.*
- o *"Nación santa"* - Los creyentes son apartados para Dios para Su uso.
- o *"Pueblo adquirido"* - Ver *Ex. 19:5; Ro. 9:25-26.*

C. <u>Responder a la persecución con vidas buenas</u> (*2:11-3:13*)
  - Dar gloria a Dios con buenas obras (*2:11-12*).
  - Dar gloria a Dios con la buena ciudadanía (*2:13-17*).
    - o Respetar la autoridad del gobierno (*2:13-14*).
    - o La mejor defensa contra las acusaciones es la buena conducta (*2:15-16*).
    - o Respetar a los demás ciudadanos, por respeto a Dios (*2:17*).
  - Incluso los esclavos pueden someter su propia voluntad libre (*2:18-25*).
    - o Aproximadamente un tercio de la población eran esclavos en el Imperio Romano.[3]
      - Servir con el respeto (*2:18*).
      - Servir voluntariamente, aun en situaciones injustas (*2:19-21*).
    - o Jesús se sometió a Dios porque confiaba en Él. Jesús es nuestro ejemplo en el sufrimiento (*2:21-25*).
  - Tanto las esposas como los maridos deben mostrar respeto (*3:1-7*).
    - o La sumisión no quiere decir que las esposas tengan un estatus inferior. Por medio de su respeto en el hogar, las mujeres pueden ayudar a los esposos a llegar a la fe (*3:1-6*). (Ver *Ef. 5:22*).
    - o Los esposos deben tratar a sus esposas con respeto y como iguales en la fe (*3:7*). (Ver *Ef. 5:25*).

- Los cristianos deben mostrar unidad en las relaciones (*3:8-22*).

Finalmente, sed todos de un mismo sentir: compasivos, amándoos fraternalmente, misericordiosos y humildes. No devolváis mal por mal, ni maldición por maldición, sino por el contrario, bendecid; pues para esto habéis sido llamados, para que heredéis bendición (3:8-9).

  - No permita que el mundo fije la norma para las relaciones (Ver *Sal. 34:12-16; 37:27; Stg.1:26, Ro. 12:18.*).
  - *"Santificad en vuestros corazones a Cristo como Señor"* - Ponga aparte a Cristo como Señor. Si usted hace esto, entonces las palabras de la razón de su esperanza estarán a la altura de sus acciones (*3:15*).
  - *"Espíritus en prisión"* - varios significados posibles.
  - Jesús se fue al lugar donde estaban los ángeles caídos (Ver *Gn. 6:1-4; Jud. 1:6*).
    - Jesús predicó a los seres humanos que habían muerto en el tiempo de Noé.
    - Jesús predicó a través de Noé a las personas de su tiempo quienes no creyeron.[4]
    - Los espíritus desobedientes en prisión son los ángeles, autoridades y poderes mencionados en *3:22*. Cuando Cristo resucitó y ascendió al cielo, esto declaró victoria.[5]

3. El sufrimiento tiene un significado espiritual (*4:1-19*)

A. <u>El sufrimiento físico, significado espiritual</u> (*4:1-6*)
  - *"Darán cuenta"* - Todo el mundo se enfrenta a juicio, incluyendo a aquellos que causan el sufrimiento (*4:5*).
  - *"Aun a los muertos"*, - aquellos que están espiritualmente muertos. El Evangelio ofrece la vida espiritual (*4:6*).

B. <u>Amor mutuo a pesar del sufrimiento</u> (*4:7-11*)

- Buscar la venida de Cristo afecta las acciones de los creyentes.
- La meta es siempre traer alabanza a Dios.

C. <u>La persecución significa que participamos en el sufrimiento de Cristo</u> (*4:12-19*)
  - *"No os sorprendáis"* - los cristianos pueden esperar el sufrimiento (*4:12*). (Ver *Col. 1:24*).
  - *"Bienaventurados... reposa sobre vosotros"* - Cuando los cristianos sufren por Cristo, ellos pueden encontrar una estrecha relación con Dios (*4:14*).
  - *"Creador fiel"* – Nosotros confiamos en Dios, quien controla todas las cosas.

Palabra clave:

Sufrir: Pedro claramente espera que los creyentes sufran. Él no enseña acerca de cómo evitar el sufrimiento. Por el contrario, él enfatiza en los beneficios espirituales que puede venir del sufrimiento (*1 P. 1:6-7; 5:10*). Él también recuerda a sus lectores que Jesús sufrió (*1 P. 3:18*).

4. **El amor guía a la vida en comunidad (*5:1-11*)**

A. <u>El amor y la humildad guían al servicio</u> (*5:1-7*)
  - *"Los ancianos"* deberían guiar con amor y buena voluntad (*5:1-2*).
  - *"Yo anciano también"* - Pedro se identifica a sí mismo con los ancianos, así él puede animarlos mejor.
  - Todas las relaciones deberían mostrar humildad (*5:3-7*).

B. <u>La gracia de Dios nos ayuda a resistir al diablo</u> (*5:8-11*)
  - El diablo está activo. Los creyentes deben estar preparados (*5:8-9*).
  - Pedro señala nuevamente la esperanza futura de los cristianos (*5:10-11*).

5. **Conclusión y bendición (*5:12-14*)**

Mire hacia atrás a través del libro de 1 Pedro. ¿Qué dice Pedro acerca de cada uno de estos temas?

Salvación:

Sufrimiento:

El pueblo de Dios:

Vida cristiana:

Juicio:

Esperanza:

Sugerencias para la predicación de 1 Pedro

- Identificar la enseñanza de Pedro sobre el consuelo y la esperanza para los creyentes durante la persecución.

- Explore las conexiones entre los miembros de la comunidad de Cristo.

- Enseñe sobre cómo somos responsables ante Dios por su juicio venidero.

Capítulo 14

2 Pedro

La segunda carta de Pedro habla acerca de las falsas enseñanzas. Lo más probable es que Pedro escribió 2 Pedro en algún momento entre el año 64 y 68 DC. Su propósito era hablar en contra de los falsos maestros, para que sus lectores no acepten la enseñanza equivocada como la verdad. Pedro enfatizó el día de la venida del Señor, cuando Dios juzgará a todas las personas y traerá el cielo nuevo y la tierra nueva. Se insta a los lectores a aferrarse a la verdad, mientras esperan el regreso de Cristo.

Qué esperar
Palabra clave: Día del Señor.

Sugerencia: Abra su Biblia en 2 Pedro para que pueda seguir las lecturas.

1. **Saludo (*1:1-4*)**

   "Una fe igualmente preciosa..." - Pedro quiere que estos cristianos se den cuenta de que no hay cristianos de segunda clase. Los apóstoles no tuvieron una mejor fe que nadie.

2. **La fe resulta en virtud (*1:5-15*)**

   A. <u>Los cristianos crecen en fidelidad</u> (*1:5-9*)
   - *"Añadid,"* - cualidades que muestran una fructífera vida cristiana (*1:5*). (Ver *Gá. 5:22-23*).

   Y por esto mismo, poniendo todo empeño, añadid a vuestra fe, virtud; a la virtud, conocimiento; al conocimiento, dominio propio; al dominio propio, perseverancia; a la perseverancia, devoción; a la devoción, afecto fraternal; y al afecto fraternal, amor (1: 5-7).

   - *"Conocimiento"* - Los falsos maestros enseñaron que el conocimiento espiritual significaba que los cristianos no tenían que mostrar dominio de sí mismos. Pedro dice que el conocimiento conduce al auto-control.

B. <u>Nosotros experimentamos el llamado de Dios con estas virtudes</u> (*1:10-11*)
- Dios nos llama a la obediencia y la santidad (Ver *1 P. 1:2; Ef. 1:3-6*).
  - o *"Hacer firme vuestro llamamiento y elección"* - A pesar de ser elegidos de Dios estamos seguros y firmes en Dios (*2 Ti. 2:19.*) el cristiano necesita experimentar esto.
  - o La evidencia del verdadero llamado de los elegidos es la obra del Espíritu Santo en nuestras vidas (*1 Jn. 3:10*) y el testimonio interno del Espíritu Santo en nuestros corazones (*Gá. 4:6*).
- *"No tropezaréis jamás"* – El enfoque de Pedro está en nuestra confianza en Dios. La elección no es excusa para la inmadurez. Nosotros continuamos creciendo en la fe, la acción y la santidad.

C. <u>Recuerda lo que has aprendido</u> (*1:12-15*)
- *"me lo ha declarado nuestro Señor Jesucristo"* – Esto puede referirse a *Jn. 21:18-19*, o puede significar que Pedro recibió una revelación (*2:14*).
- Pedro sabe que va a morir pronto y quiere dejar una enseñanza duradera de la verdad (*2:15*).

3. La divina autoridad de Cristo (*1:16-21*)

A. <u>Pedro fue testigo ocular de Jesús</u> (*1:16-18*)
- Pedro no creó su propia enseñanza. Él transmitió la enseñanza que recibió directamente de Jesús (*1:16*).
- *"Nosotros oímos esta voz"* - Pedro estuvo presente en la Transfiguración de Jesús (Ver *Mt. 17:1-13.*). Santiago y Juan también estuvieron allí.

B. <u>La Escritura prueba que Jesús es quien dijo que era</u> (*1:19-21*)

- *"Antorcha que alumbra"* - El mundo es oscuro con el pecado. La Palabra de Dios trae luz para el creyente. La luz señala el tiempo en que Cristo va a regresar (*1:19*).[1]
- Los profetas no crearon su propio mensaje. El mensaje vino de Dios (*2:20-21*).

¿Por qué Pedro enfatiza que la Escritura viene de Dios?

4. Los falsos profetas y maestros *(2:1-22)*

A. <u>Tenga cuidado con los falsos maestros</u> (*2:1-3*)
- *"Negar el Señor"* - Los falsos maestros entrarían en secreto y enseñarían la doctrina errónea.
- *"Su destrucción no se duerme"* - Aunque parece que Dios no está juzgando a los falsos maestros, el juicio vendrá.

B. <u>Dios juzgó a los falsos maestros en el pasado</u> (*2:4-9*)
- Dios juzgó a los ángeles que siguieron el pecado de Satanás (*2:4*). (Ver *Jud. 6-10*).
- Dios juzgó a las personas impías de los días de Noé (*2:5*). (Ver *Gn. 6:5-12*).
- Dios juzgó a Sodoma y Gomorra por su maldad (*2:6-8*). (Ver *Gn. 19:1-26*).
- Si Dios juzgó a estas personas, Él ciertamente juzgará a los falsos maestros (*2:9-10*).

C. <u>Los falsos maestros muestran el mal, no la verdad</u> (*2:10-16*)
- Los falsos maestros de los tiempos de Pedro afrontaron juicio debido a que siguieron la naturaleza pecaminosa (*2:10-14*).
- Los falsos maestros enfrentan juicio porque rechazaron la autoridad (*2:15-16*).

D. <u>Las falsas enseñanzas son inútiles</u> (*2:17-22*)

- La falsa enseñanza parece completa, pero está vacía (*2:17-18*).
- Los falsos maestros prometen libertad, pero son esclavos del pecado (*2:19-20*).
- *"Mejor... no haber conocido"* - Si el conocimiento no conduce a la obediencia, no es bueno (*2:21-22*). (Ver *Mt. 26:24*).

¿De qué manera son peligrosos los falsos maestros para los cristianos?

5. Cristo regresará (*3:1-18*)

A. <u>Es seguro que sucederá El Día del Señor</u> (*3:1-10*)
- Pedro recuerda a los lectores de la verdadera enseñanza (*3:1-2*).
  - o Dada por los profetas.
  - o Dada por los verdaderos apóstoles.
- Los falsos maestros dudarán del plan final de Dios (*3:3-4*).
- Los falsos maestros dudan de la acción de Dios en el pasado (*3:5-7*).
- La visión humana del tiempo no es la visión de Dios (*3:8*).
- Dios demora el juicio a causa de Su amor, no porque Él es lento (*3:9*).
- *"Como un ladrón"* - de repente. Los seres humanos no podemos predecir cuándo vendrá Cristo (*3:10*).

Palabra clave:

Día del Señor: En el Antiguo Testamento, el día del Señor es un tiempo cuando Dios vendrá con juicio o bendición (Ver *Amós 5:18-20; Joel 1:15*). En el Nuevo Testamento, el día del Señor es también el día de la redención cuando Cristo venga nuevamente para traer el cielo nuevo y la tierra nueva (Ver *Ef. 4:20; 1 Co. 1:8; 2 Co. 1:14.*).

B. <u>El Día del Señor es un llamado a la santidad</u> (*3:11-16*)

- *"Qué clase de personas"* - El propósito de la enseñanza de la profecía no es para responder a nuestras preguntas. El propósito es para cambiar nuestras vidas (*3:11*).
- *"Aguardando y apresurándoos"* – vivir piadosamente llevará a otros al arrepentimiento (*3:12*).

Por tanto, oh amados, estando a la espera de estas cosas, procurad con empeño ser hallados en paz por él (3:14).

- *"Hallados por Él..."* - Los creyentes tenemos paz con Dios por la muerte de Cristo (Ver *Ro. 5:1*). Sin embargo, ellos pueden desagradar a Dios. Pedro exhorta a vivir en santidad para agradar a Dios (*3:14*).
- *"Querido hermano Pablo"* - Pedro reconoce a Pablo como un apóstol con autoridad. Pedro da valor a los escritos de Pablo como Escritura igual a la del Antiguo Testamento y en armonía con las afirmaciones de Pablo de su autoridad apostólica (*Ro. 1:1; 1 Co. 2:13; Gá. 1:1.*).

C. <u>Protección contra el error</u> (*3:17-18*)

... mas bien, creced en la gracia y en el conocimiento de nuestro Señor y Salvador Jesucristo (3:18).

- Una experiencia más profunda en el conocimiento del Señor, usualmente viene con un mayor entendimiento y aprecio de la gracia.

Sugerencias para la predicación de 2 Pedro

- ¿Cómo mostrar la verdadera fe en el comportamiento fiel?

- ¿Cómo pueden reconocer los creyentes a los falsos maestros?

- ¿Cómo afecta ahora nuestras vidas conocer que Cristo volverá?

Capítulo 15

Las Cartas de Juan

El autor del Evangelio de Juan también escribió las tres cartas de Juan. El autor no se identifica a sí mismo, pero el estilo de escritura es muy similar al Evangelio de Juan. Además, en los primeros versículos, el autor se llama a sí mismo un testigo ocular de la vida de Cristo.

Juan murió a finales del primer siglo. El último libro que él escribió fue Apocalipsis. Escribió estas tres cartas, probablemente alrededor del año 90 DC. Los escritos de Juan son los últimos en el Nuevo Testamento. Lo más probable es que él escribió estas cartas desde Éfeso. Ireneo, un cristiano del segundo siglo, dice que Juan vivió en Éfeso durante un tiempo. La herejía del gnosticismo estaba creciendo y entrando en la iglesia. Juan escribió la primera carta para ayudar a sus lectores a saber cómo decidir si una enseñanza era falsa.

Qué esperar:

Palabras claves: compañerismo, amor.

Las declaraciones en dos partes de Juan

El estilo de Juan en 1 Juan es hacer una declaración en dos partes. A menudo, él comienza con la declaración- "si". Si una cosa es cierta, entonces lo segundo es cierto. Al estudiar 1 Juan, busque estos versículos en su Biblia y haga una lista de las declaraciones de "Si... entonces" en el libro de 1 Juan. ¿Qué aprende usted sobre el mensaje de Juan en estos versículos? ¿Qué otras declaraciones en dos partes puede encontrar en 1 Juan?

"Si"	*"Entonces"*
1:5	*1:10*
1:6	*2:1*
1:7	*2:15*
1:8	*2:29*
1:9	*3:20-21*
5:15	*5:16*

1 Juan

Sugerencia: Abra su Biblia en 1 Juan para que pueda seguir las lecturas.

1. Introducción: El mensaje de vida eterna (*1:1-4*)

A. Juan es un testigo ocular de Jesucristo (*1:1-2*)

B. Juan escribe, así los lectores conocerán la verdad (*1:3-4*)

2. La comunión con Dios (*1:5-2:11*)

A. Los principios para la comunión con Dios (*1:5-2:2*)
- Nosotros podemos tener comunión con Dios (*1:5-7*).
  - o Como la luz y las tinieblas no van juntas, así el pecado y la comunión con Dios no van juntos.
  - o Los falsos maestros dijeron el pecado no tenía importancia, porque Dios es espiritual, y Dios nos salva. Juan dice que el pecado rompe la comunión con Dios.

Palabra clave:
Comunión: Esto significa compartir cosas en común. Nosotros tenemos comunión con Dios cuando participamos en la gracia de Dios y la salvación por medio de Cristo. La comunión unos con otros crece al compartir la gracia de Dios y refleja Su carácter.

- Nosotros tenemos una naturaleza pecaminosa (*1:8-9*).
  - o Los falsos maestros dijeron que no eran pecadores porque tenían conocimientos especiales.
  - o Juan dice que tenemos una naturaleza pecaminosa, pero Dios perdona el pecado (Ver *Ro. 3:24-26.*)
- Nosotros pecamos en nuestras acciones (*1:10-2:2*).
  - o Los falsos maestros dijeron que no pecaban en su vida diaria.
  - o Juan dice que pecamos en nuestras acciones, pero el mismo Jesús es nuestro abogado ante Dios (Ver *5:10*). Si decimos que no pecamos, entonces negamos la Palabra

de Dios y la Palabra no ha encontrado lugar en nuestro corazón.

¿Por qué cree que las personas hoy en día niegan que ellos pecan?

B. <u>Los principios para conocer a Dios</u> (*2:3-11*)
- Obediencia: Guardar los mandamientos de Dios muestra que le conocemos (*2:3-6*).
  - Las acciones deben coincidir con las palabras.
  - *"Perfeccionado"* - Esta palabra significa "madurez" o "plenitud", más que vivir una vida perfecta sin pecar (*2:5*).
  - Esto tampoco significa que el amor de Dios por el creyente sea completo cuando éste obedece, o que nuestro amor por Dios es completo cuando se muestra en obediencia.
- Amor: la prueba de la obediencia (*2:7-11*).
  - *"Desde el principio"* - El mandamiento a amar es fundamental para enseñarle a los lectores que ya lo sabían (*2:7*). (Ver *Lv. 19:18; Mt. 22:39-40*).
  - El mandamiento tiene un nuevo significado porque Cristo nos mostró el amor en Su obediencia en la cruz (*2:8*). (Ver *Jn. 13:34-35*).
  - Vivir en la luz de Cristo, significa vivir en amor hacia los demás (*2:9-11*).

Palabra clave:

*Amor***:** En cinco capítulos, Juan utiliza las formas de la palabra "amor", 46 veces.[1] Él enfatiza la conexión entre la fe verdadera y el amor en acción. Por cuanto conocemos el amor de Dios, podemos mostrar amor a los demás.

3. La razón de la carta (*2:12-27*)

A. <u>Juan escribe a los creyentes de todas las edades</u> (*2:12-14*)

- *"Hijitos"* - un término de cariño para todos los lectores (*2:12*).
- *"Padres"* y *"jóvenes"* - los niveles de madurez espiritual.

B. <u>La relación del cristiano con el mundo</u> (*2:15-17*)
- "Mundo" - las malas influencias que nos separan de Dios.
- Amar al mundo no va con amar a Dios.
  - o *"Los deseos de la carne"* - deseos internos de nuestra naturaleza pecaminosa.
  - o *"Los deseos de los ojos"* - tentación que viene a través de lo que vemos.
  - o *"La soberbia de la vida"* - sentirse orgulloso de la posición social.

Utilice sus propias palabras para explicar la relación del cristiano con el mundo.

C. <u>Los falsos maestros negaron que Jesús es el Cristo</u> (*2:18-23*)
- *"Última hora"* - el período que comenzó con la venida de Cristo. Dios está en las etapas finales de Su plan para la salvación (*2:18*).
- *"Anticristos"* - los falsos maestros que querían tomar el lugar de Cristo. Juan habló en contra de ellos en esta carta (*2:18-19*).
- *"Unción"* - El Espíritu Santo, quien viene de Dios y de Cristo, haciendo que el creyente pueda conocer la verdad (*2:20*).

D. <u>Permanecer en la Palabra de Dios y quedarse con la verdad</u> (*2:24-27*)
- *"Lo que habéis oído desde el principio"* - el verdadero Evangelio que los apóstoles predicaron (*2:24*).
- *"Unción"* - otra referencia al Espíritu Santo, quien enseña en la vida del creyente (*2:27*).

4. **La justicia de Dios** (*2:28-4:6*)

A. <u>La aparición futura de Cristo</u> (*2:28-3:3*)
   - *"Nacidos de Dios"* - Los hijos de Dios tendrán la justicia de Dios (*2:29*).

   Mirad cuán grande amor nos ha dado el Padre para que seamos llamados hijos de Dios... Amados, ahora somos hijos de Dios (3:1-2).

   - *"Ser como Él"* - Los creyentes tendrán un cuerpo de resurrección y estarán libres de pecado (*3:2*).
   - *"Cuando él sea manifestado"* - La esperanza cristiana se centra en el regreso de Cristo.

B. <u>La diferencia entre el bien y el mal es clara</u> (*3:4-10*)
   - En el pasado, Cristo vino para quitar el pecado (*3:8*).
   - El pecado es posible en la vida del creyente, pero un hábito de pecado es incompatible con ser un hijo de Dios (*3:9*).
   - Las personas son hijos de Dios o hijos del diablo, la manera que vivimos demuestra quienes somos realmente (*3:10*).

C. <u>Los hijos de Dios ponen el amor en acción</u> (*3:11-15*)
   - Caín fue un hijo del diablo. Él no actuó con amor, sino con odio (*3:11-12*).
   - El amor es la prueba de pasar del principio de la muerte al principio de la vida. Caín odiaba a su hermano. Nosotros podemos amar (*3:13-15*).

D. <u>El amor demuestra que pertenecemos a Cristo, no al mundo</u> (*3:16-24*)

   En esto hemos conocido el amor: en que él puso su vida por nosotros. También nosotros debemos poner nuestras vidas por los hermanos... Hijitos, no amemos de palabra ni de lengua, sino de hecho y de verdad (3:16-18).

- El sacrificio es el corazón del amor. Dios no llama a todos a sacrificar la vida física. Él nos llama a actuar por el bien de los demás (*3:18-19*).
- *"Mayor es Dios que nuestro corazón"* - Dios conoce nuestros corazones, incluso cuando nos sentimos que nos quedamos cortos. Él conoce nuestros motivos internos (*3:20-21*).
- La fe y el amor van juntos (*3:22-24*).

Juan enfatiza que Jesús es Dios. Haga una lista de los versículos de 1 Juan que indica esto.

E. <u>Compruebe las nuevas enseñanzas</u> (*4:1-6*)
- *"Espíritu"* - una persona puede enseñar por el Espíritu Santo o bajo la influencia del diablo. Los creyentes deben conocer la diferencia (*4:1*).
- La verdadera enseñanza cristiana siempre dice que Jesús es Dios en carne, enviado por Dios para salvación (*4:2-3*).

Hijitos, vosotros sois de Dios, y los habéis vencido, porque el que está en vosotros es mayor que el que está en el mundo (4:4).

- Los creyentes tienen al Espíritu Santo. Él nos ayuda a conocer la verdad (*4:4-6*). (Ver *Jn. 14:17*).

5. El amor de Dios entra en acción a través de nosotros (*4:7-5:13*)

A. <u>El amor muestra que tenemos una relación con Dios</u> (*4:7-16*)

Amados, amémonos unos a otros, porque el amor es de Dios. Y todo aquel que ama ha nacido de Dios y conoce a Dios. El que no ama no ha conocido a Dios, porque Dios es amor (4:7-8).
- El amor comienza en Dios mismo (*4:7-8*).

- Dios envió a Su Hijo para mostrar Su amor en acción hacia nosotros (*4:9-11*).
- El amor de Dios sigue obrando en nosotros, así como nosotros nos amamos unos a otros (*4:12*).
- El amor es la manera de reconocer que vivimos en Dios (*4:13-16*).
  - El Espíritu nos dice que tenemos comunión con Dios, como resultado de nuestra salvación (*4:13*).
    - Debido al Espíritu, confesamos que Cristo es el Señor. Debido al Espíritu, amamos.
    - La creencia y el amor son la prueba del Espíritu en nosotros.
  - Esta es la esencia del Evangelio. Dios envió a Su Hijo para ser el Salvador. Cualquiera que crea ahora tiene comunión con Dios (*4:14-15*).
  - Vivimos en el amor de Dios, no bajo las reglas de los valores del mundo (*4:16*).

B. <u>El amor a Dios y a los demás</u> (*4:17-5:5*)
- *"Confianza en el día del juicio"* - La persona que vive en amor no se avergonzará cuando Cristo regrese (*4:17*). (Ver *Jn. 15:9-17*).
- *"Perfecto amor"* - una comprensión madura del amor de Dios (*4:18-19*).

En esto sabemos que amamos a los hijos de Dios, cuando amamos a Dios y guardamos a sus mandamientos. Pues éste es el amor de Dios: que guardemos sus mandamientos (5:2-3).

- Nosotros amamos a los demás en respuesta al amor de Dios por nosotros (*5:19-21*).

C. <u>Dios es testigo que Jesús es el Cristo</u> (*5:6-13*)
- *"Vino por agua y sangre"* - El agua simboliza el bautismo de Jesús. La sangre representa Su muerte (*5:6*).
  - El ministerio de Jesús comenzó con Su bautismo y terminó con Su muerte.

o El Padre, el Hijo y el Espíritu Santo, todos dicen lo mismo (*5:7-8*).

o El testimonio de Dios es mayor que el testimonio humano (*5:9*).

- El testimonio: *"Dios nos ha dado vida eterna y esta vida está en su Hijo"* (*5:11*).

  o El testimonio conduce a creer (*5:11*).

  o Nosotros no ganamos la vida eterna. Dios da esta vida como un regalo (*5:11-13*). (Ver *Ro. 6:23*).

6. **La oración y afirmación (*5,14-21*)**

A. <u>Ore de acuerdo a la voluntad de Dios</u> (*5:14-17*)
Esto incluye orar por alguien que ha caído en el pecado.

B. <u>Recuerde pensamientos claves</u> (*5:18-21*)
- Sabemos que Cristo guarda de aquellos que han nacido de Dios (*5:18*).
- Sabemos que nuestra vida espiritual comienza en Dios (*5:19*).
- Sabemos que Cristo vino para que podamos conocer a Dios (*5:20*).
- La comunión con el verdadero Dios no concuerda con ninguna adoración falsa (*5:21*).

Sugerencias para la predicación de 1 Juan

• Explore la enseñanza de Juan sobre el pecado y el perdón en la vida del cristiano.

• Identifique cómo Juan utiliza el concepto de amor en sus escritos de manera que se aplique a la vida cotidiana de los creyentes.

• Explore las maneras en que tratamos a los demás y cómo esto refleja nuestra relación con Dios.

2 Juan

La segunda carta de Juan responde a la pregunta, "¿Quién es Jesús?"

Qué esperar:
Palabra clave: verdad.

Sugerencia: Abra su Biblia en 2 Juan para que pueda seguir las lecturas.

1. **Saludo a la "señora elegida"** (*1-3*)

   Esto puede ser una persona real. Puede ser una forma de hablar a la Iglesia local. De todos modos, el enfoque está en la verdad.

Palabra clave:
Verdad: Juan utiliza esta palabra cinco veces en los primeros versículos. Él va directo al punto: Cuidado con las falsas enseñanzas que cambian o manipulan la verdad sobre quién es Jesús.

2. **Vivir en la verdad** (*4-11*)

   A. <u>Andar en la verdad y amor</u> (*4-6*)
   - *"Andad en la verdad"*- teniendo una relación real con Dios (*4*). Como Dios les mandó a estos cristianos, ellos han estado enseñando a sus hijos a tener una verdadera relación con el Señor.
   - *"Amaos unos a otros"* - Juan enfatiza el amor. Incluso cuando al enseñar hace referencia a aquellos que están en su contra. El amor es obediencia a Dios (*5*). (Ver *1 Jn. 2:7-8*).
   - "Desde el principio" - Esta es la manera de Juan de resumir el verdadero Evangelio dado por los apóstoles que conocieron a Jesús (*5-6*). (Ver *1 Jn. 2:7*).

   B. <u>Tener cuidado de los "engañadores"</u> (*7-11*)
   - *"Confiesan a Jesucristo"* - Cualquier persona que no enseña que Jesús es Dios en carne humana, no está enseñando la verdad (*7*). (Ver *1 Jn. 4:2-3*).

- *"Abundante recompensa"* - La fidelidad a Dios trae recompensa futura (*8*). (Ver *Mr. 9:31, 10:29-30; Lc. 19:16-19; He. 11:26*).
- *"Extravía," "no permanece"* - Algunos falsos maestros, gnósticos, creían que tenían un mayor conocimiento espiritual que los apóstoles.
- La creencia de que Jesús es Dios es una doctrina esencial (*9*).
- *"Participa en malas obras"* - Juan advierte en contra de dar comida y refugio a los falsos maestros (*10-11*).

3. Cierre (*12-13*)

Hay gozo inusual cuando nosotros como creyentes podemos caminar siempre con el Señor y estar juntos cara a cara.

Sugerencias para la predicación de 2 Juan

• ¿Cómo pueden los cristianos protegerse contra las falsas enseñanzas acerca de quién es Jesús?

3 Juan

Juan escribe para mostrar su aprobación a Gayo, quien apoyó a los mensajeros enviados por Juan.

Sugerencia: Abra su Biblia en 3 Juan para que pueda seguir las lecturas.

1. **Saludo a Gayo (*1-4*)**

   Gayo se mantuvo firme en la verdad (*3*). Como resultado, trajo gozo a Juan (*4*). No hay mayor gozo que saber que los hijos físicos y espirituales que usted educó están caminando con el Señor.

2. **La responsabilidad de Gayo (*5-12*)**

   A. <u>Gayo apoya a otros creyentes</u> (*5-8*)
   - *"Todo lo que haces por los hermanos"* – los miembros de la Iglesia dieron refugio y apoyo a los misioneros que viajaron (*5*). (Ver *2 Jn. 10*).
   - *"Es digno de Dios"* – Las personas que Gayo apoyó, hablaron de sus actos de amor (*6*).
   - *"Seamos colaboradores"* – Cuando apoyamos el ministerio de otras personas, participamos del trabajo (*7-8*).

   B. <u>Diótrefes lideró severamente</u> (*9-11*)
   - *"Ambiciona ser el primero"* - El líder dominó a la iglesia para sus propios fines (*9*).
   - *"Si voy"* - Juan planea hablar con Diótrefes en persona. Este líder ha estado hablando en contra de Juan y no estaba recibiendo a los mensajeros que Juan envió (*10*). Algunos predicadores consideran a otros predicadores como amenazas a sus ministerios en lugar de colaboradores.
   - *"Lo que es bueno"* - Las acciones demuestran el compromiso con Dios (*11*). (Ver *1 Jn. 3:4-9*).

   C. <u>Demetrio es un buen ejemplo</u> (*12*)
   - *"Buen testimonio"* - Él tiene una buena reputación.

- *"De la verdad"* - Su vida mostró el Evangelio que trabajó en él.

3. Cierre (*13-14*)

Jesús nos enseñó a hacer amigos para la eternidad en torno a las Buenas Nuevas. Juan aprendió bien. Él tuvo muchos amigos.

Sugerencias para la predicación de 3 Juan

- ¿Cómo la hospitalidad demuestra fidelidad a Dios?

Capítulo 16

Judas

Judas parece ser el hermano de Santiago. Esto significa que era un medio hermano de Jesús. Los medios hermanos de Jesús son mencionados en *Mateo 13:55*: Santiago, José, Simón y Judas. No estamos seguros de donde estaban los primeros lectores de Judas. Ellos eran cristianos, pero pueden haber sido cristianos judíos, cristianos gentiles, o ambos. Judas no menciona donde estaban sus lectores. Los falsos maestros dijeron que ser salvos por gracia significaba que no importaba si los cristianos pecaban. Judas escribió para advertir a los lectores acerca de estos falsos maestros. Sus enseñanzas se convirtieron en Gnosticismo. Esta filosofía enseña que el alma está atrapada en el cuerpo. Sólo el alma es espiritual. Los seres humanos pueden hacer lo que quieran con el cuerpo, porque no es espiritual. Los cristianos tienen el verdadero conocimiento y no tienen que preocuparse por los pecados en el cuerpo. Como apóstoles, Pablo y Pedro escribieron para corregir esta falsa enseñanza. Judas también escribió con este propósito. Aunque Judas no era un apóstol, él fue un líder de la iglesia.

Sugerencia: Abra su Biblia en Judas para que pueda seguir las lecturas.

1. **Saludo (*1-2*)**

Una vez más la palabra *llamados* es utilizada para los creyentes.

2. **El peligro de los falsos maestros (*3-4*)**

A. <u>Judas cambió el tema de su carta</u> (*3*)
   - *"Esforzaba por escribiros"* – él planeó escribir una carta general (3).
   - *"Me ha sido necesario"* - Eventos específicos le hicieron cambiar el tema (*3*).

- *"Contendáis eficazmente por la fe"* - Judas escribe para defender las enseñanzas cristianas de los apóstoles (*3*). (Ver *1 Co. 11:1; 15:3-8*).

B. <u>La razón para el cambio de tema, fue los falsos maestros</u> (*4*)
   - *"Algunos hombres han entrado"* - Los falsos maestros han entrado en la iglesia.
   - *"Destinados para esta condenación"* - (*4*).
     o Esto puede significar que el Antiguo Testamento habló en contra de los impíos.
     o O bien, podría significar que el juicio iba a caer sobre los falsos maestros.[1]
   - *"Convierten la gracia de nuestro Dios en libertinaje"* - Estos falsos maestros vivían de manera inmoral.
     o Los gnósticos enseñaban que los seres humanos podrían pecar libremente, porque Dios perdonará todo por su gracia.
     o Otros gnósticos enseñaban que el pecado humano muestra más la gracia de Dios.
   - *"Niegan al único Señor"* - Los falsos maestros rechazaron la autoridad de Cristo como su maestro.

3. **Dios juzga el pecado (*5-7*)**
   A. <u>Dios juzgó al Israel incrédulo</u> (*5*)
   - *"Todo lo habéis sabido"* - Judas les dice a los lectores algo de lo que ya eran conscientes. Ellos olvidaron protegerse contra los falsos maestros.
   - *"Destruyó a los que no creyeron"* - Dios prometió dar a Su pueblo la tierra de Canaán. El pueblo no creyó.
     o La generación que no creyó, murió en el desierto (Ver *Nm. 14:29-30, Dt. 1:32-36; 1 Co. 10:1-5.*).

¿Por qué Judas habla acerca de la falsa enseñanza y del juicio en la misma carta?

B. <u>Dios juzgó a los ángeles</u> (*6*).

- Es poco claro quiénes son estos ángeles.
  - o Ellos no son los ángeles santos de Dios.
  - o Deben ser ángeles que siguieron la rebelión de Satanás contra Dios. Parecen ser de un rango diferente, mereciendo un castigo aún más específico.
- El punto principal es que los ángeles se rebelaron y Dios los castigó (Ver *2 P. 2:4*). Estos espíritus demoníacos están sujetos a la condenación del Señor. Algunos estudiosos creen que estos son los que se ven en Génesis 6:1-8.

C. <u>Dios juzgó a Sodoma y Gomorra</u> (*7*)

- *"Contra lo natural"* - la actividad homosexual.
- *"Son puestas por ejemplo"* - Dios juzgó a las ciudades con fuego del cielo (Ver *Gn. 19:24*).

4. La maldad de los falsos maestros (*8-16*)

A. <u>Los falsos maestros rechazan la autoridad</u> (*8-10*)

- *"Los soñadores"* - Los falsos maestros perdieron su conexión con la verdad.
  - o *"Mancillan la carne"* - probablemente la actividad homosexual.
  - o *"Rechazan toda autoridad"* - no se someten a las personas con autoridad en la iglesia.
  - o *"Maldicen"* - no sólo rechazaron, sino que hablaron en contra de las personas de autoridad.
- *"Miguel... disputando con el diablo"* - (*9*).
  - o Esto se basa en un escrito llamado *El Testamento de Moisés* escrito en el primer siglo.
  - o *Daniel 10:13* puede ser la batalla entre Satanás y Miguel el Ángel (guardián especial de Israel).
  - o Judas utiliza esta historia como un ejemplo del orgullo de los falsos maestros.
  - o Incluso Miguel, el ángel con más alto rango, no habló en contra de su enemigo.

- Miguel dejó el juicio a Dios.
- *"Estos maldicen"* - A diferencia de Miguel, los falsos maestros dicen lo que quieren acerca de la autoridad (*10*).

B. <u>Los falsos maestros pecan de varias maneras</u> (*11-13*)

¡Ay de ellos! Porque han seguido el camino de Caín; por recompensa se lanzaron en el error de Balaam y perecieron en la insurrección de Coré (11).

- Tres ejemplos del Antiguo Testamento de la rebelión contra la autoridad. Todas estas personas enfrentaron el juicio de Dios (*11*). (Ver *Gn. 4:3-8; Nm. 31:16, 16:1-3, 31-35*).
- Judas utiliza metáforas para describir a los falsos maestros. ¿Qué dicen estas imágenes sobre los falsos maestros? (*12-13*).

Al lado de cada metáfora, escriba lo que cree que Judas quiere decir.

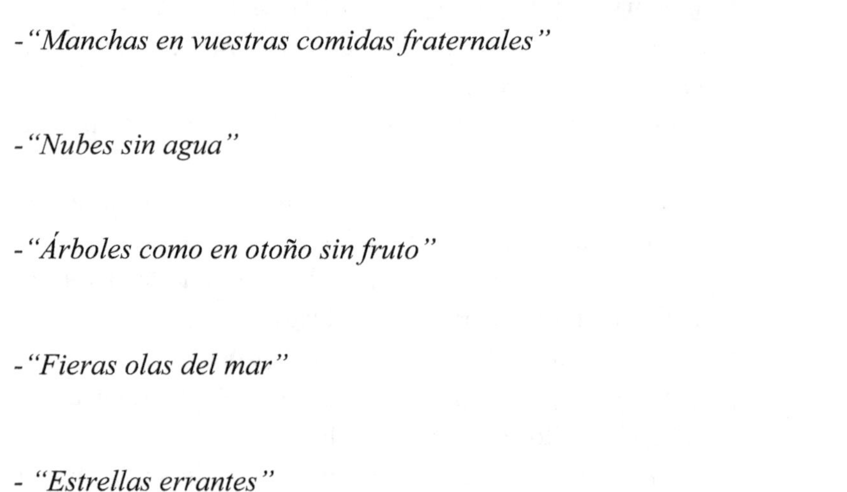

-*"Manchas en vuestras comidas fraternales"*

-*"Nubes sin agua"*

-*"Árboles como en otoño sin fruto"*

-*"Fieras olas del mar"*

- *"Estrellas errantes"*

- Los falsos maestros montan un gran espectáculo, pero están vacíos de la verdad.

C. <u>Los falsos maestros afrontan juicio</u> (*14-16*)
- *"Séptimo después de Adán"* - Judas cita de otro libro, *El Libro de Enoc.*
    - o Lo más probable es que este libro no fue escrito hasta el primer siglo, en vez de los tiempos del Antiguo Testamento.
    - o Judas utiliza este ejemplo para señalar la Segunda Venida de Cristo y el juicio de los malvados.[2]
- *"Adulando a las personas para sacar provecho"* - Los falsos maestros se sirven a sí mismos, no a Dios.

5. Cristianos, ¡alerta! (*17-23*)

A. <u>Preste atención a los Apóstoles</u> (*17-18*)
- *"Palabras que han sido dichas por los apóstoles"* - Judas recuerda a sus lectores que los apóstoles tienen autoridad (*17*).
- *"Burladores en los últimos tiempos"* - Los apóstoles advirtieron sobre los falsos maestros. No debería ser ninguna sorpresa cuando aparezcan (*18*). (Véase *Hch. 20:29; 1 Ti. 4:1-2; 2 Ti. 3:1-5; 2 P. 2:1-3; 3:2-3*).

¿Por qué cree usted que Judas enfatiza las palabras de los apóstoles?

B. <u>Cuidado con los falsos maestros</u> (*19*)
- Los gnósticos afirmaban tener un conocimiento especial.
- Judas dice que ni siquiera tienen el Espíritu. Sin el Espíritu ellos no son salvos (ver *Ro. 8:9*).

C. <u>Crecer en la gracia de Dios</u> (*20-21*)

Pero vosotros, oh amados, edificándoos sobre vuestra santísima fe y orando en el Espíritu Santo, conservaos en el amor de Dios, aguardando con esperanza la misericordia de nuestro Señor Jesucristo para vida eterna (20-21).

- Ser guiados por el Espíritu Santo en la oración está en contraste a los falsos maestros, quienes son guiados por sus propias mentes corruptas (*Ef. 5:18*).
- Judas dirige a los lectores de nuevo al verdadero Evangelio.

D. <u>Cuide de otros</u> (*22-23*)
- Muestre misericordia a las personas necesitadas en la iglesia.
- Considere sabiamente cómo ayudarse mutuamente a crecer espiritualmente.
- Manténgase alejado del pecado.

6. Bendiciendo a Dios (*24-25*)

Y a aquel que es poderoso para guardaros sin caída y para presentaros irreprensibles delante de su gloria con grande alegría; al único Dios, nuestro Salvador por medio de Jesucristo nuestro Señor, sea la gloria, la majestad, el dominio y la autoridad desde antes de todos los siglos, ahora y por todos los siglos. Amén. (24-25).

Esto ha llegado a ser una de las mayores bendiciones y oraciones en la historia de la iglesia. Expresa parte del carácter de Dios y nuestra necesidad.

Sugerencias para la predicación de Judas

- Explore cómo los falsos maestros son peligrosos para la vida espiritual del cristiano.

Capítulo 17

Apocalipsis

El libro de Apocalipsis es único en el Nuevo Testamento. Es un ejemplo de literatura "apocalíptica". Los escritos apocalípticos están llenos de símbolos. Apocalipsis sigue este estilo. Otros ejemplos en la Biblia son algunas partes de Daniel, Ezequiel y Zacarías. La literatura apocalíptica también fue muy popular fuera de la Biblia.

El autor de Apocalipsis es Juan, el discípulo de Jesús en los Evangelios. Este es el mismo Juan que escribió el Evangelio de Juan y las cartas de 1, 2 y 3 Juan. Las fuentes históricas nos dicen que Juan vivió en Éfeso, a finales del primer siglo. Desde esta ciudad, Juan ministró a otras ciudades de Asia (hoy en día Turquía). Bajo el gobierno del emperador Domiciano, los cristianos sufrieron persecución porque no adoraron al emperador romano. Como castigo por sus actividades cristianas, Juan fue prisionero en la isla de Patmos (*1:9*). Patmos está a unas sesenta millas de Éfeso en el Mar Egeo. El libro de Apocalipsis registra las visiones y mensajes que Juan recibió mientras estuvo en Patmos.

Juan escribió para motivar a los cristianos a permanecer firmes en contra de la adoración del emperador. El tema de Apocalipsis es el control de Dios de la historia. Dios ya ha vencido a Satanás. Un día Cristo volverá. Historia de la humanidad llegará a su fin. En ese momento, los malvados serán destruidos. El pueblo de Dios entrará en la gloria eterna.

Qué esperar:
Palabras claves: bienaventurado, ángel, siete, tribulación.

Concepto clave: Anticristo

Sugerencia: Abra su Biblia en Apocalipsis para que pueda seguir las lecturas.

1. Introducción (*1:1-20*)

   A. <u>Apertura</u> (*1:1-3*)

- *"De Jesucristo"* - Esto puede significar que la escritura viene de Jesús o es sobre Jesús, o ambas cosas (*1:1*).
- Jesucristo envió un ángel a Juan. Jesús es la fuente divina de la visión. Juan es el hombre que lo registra.

Palabras clave:

Bienaventurado: Apocalipsis contiene siete palabras de bendición (Ver *1:3; 13:14; 16:15; 19:9, 22:7, 22:14*). "Bienaventurado" significa más que feliz en términos humanos. Los creyentes son "felices" porque participan en lo que Dios está haciendo. Esto incluye los eventos del fin de los tiempos.

B. <u>Saludos y alabanza</u> (*1:4-8*)

- *"Siete iglesias"* - las iglesias de la provincia romana de Asia (*1:4*). Lo más probable es que la carta de Apocalipsis fue enviada a cada iglesia.
- *"Siete espíritus"* - puede referirse a los ángeles de las siete iglesias mencionadas en los *capítulos 2 y 3*. También puede significar un "siete veces" Espíritu, es decir, el Santo Espíritu.[1]
- *"El que nos ama..."* - Juan resume la obra que Cristo ya hizo por nosotros (*1:5-6*).
- *"viene con las nubes"* - señala el regreso de Cristo (*1:7*).
- *"Alfa y omega"* - la primera y última letra del alfabeto griego. Dios es el principio y el final de la historia humana.
  - o Juan también se refiere a Jesús como el "Verbo," la comunicación definitiva de Dios para el hombre (*Jn. 1:1*).

C. <u>El Hijo del Hombre y las Iglesias</u> (*1:9-20*)

- *"En el Espíritu"* - Juan ve una visión de Cristo. Él le da un mensaje para las iglesias (*1:9-11*).
- *"Siete candeleros de oro"* - representan las siete iglesias (*1:12*).
- *"Uno como el Hijo del Hombre"* - Cristo (*1:13-16*). (Ver *Dn. 7:13*). Jesús utilizó este título para sí mismo (*Mateo 20:28*).

- o *"Vestidura," "cinto de oro"*- Jesús está vestido como un sumo sacerdote (*1:13*). (Ver *Ex. 18:4; 29:5*).
- o *"Blanco como la lana," "como la nieve"* - (*1:14*). La apariencia blanca es similar al "Anciano de días" en *Dn. 7:9* y a Cristo en el momento de la Transfiguración en *Mt. 17:2*.
- o *"Llama de fuego"* - justicia y juicio (*1:14*). (Ver *Dn. 10:6; 1 Co. 3:13*).[2]
- o *"Siete estrellas"* - los siete ángeles de las siete iglesias (Ver *1:20*). (*1:16*).

Palabra clave:

Ángel: Juan utiliza la palabra "ángel" 67 veces en el libro de Apocalipsis. Los ángeles rodean el trono de Dios y llenan el cielo con cantos de alabanza (*5:11, 7:11*). Ellos también juegan un papel clave en los acontecimientos del último tiempo antes del regreso de Cristo dando visiones y anunciando el juicio (*1:1; 9:1, 13; 11:15; 14:15, 17; 15:1; 18:1 ; 19:17; 20:1*).

- Juan responde a la visión en adoración. Jesús habla a Juan (*1:17-20*).
  - o *"El que vive"* - el Dios vivo del Antiguo Testamento (*1:18*). (Ver *Josué 3:10; Salmos 42:2; 84:2*).
  - o *"Las llaves de la muerte y del Hades"* - Cristo tiene toda la autoridad (*1:18*).
  - o *"Las cosas que has visto"* - la visión del *capítulo 1*.
  - o *"Las que son"* - el estado de las siete iglesias en *Ap. 2 y 3*.
  - o *"Las que han de ser después de éstas"*- futuros eventos de *Ap. 4-22*.

2. **Las siete cartas a las siete iglesias** (*2:1-3:22*)

A. <u>La iglesia en Éfeso</u> (*2:1-7*)
- Éfeso era una ciudad religiosa y comercio principal en la región.
- *"Yo conozco tus obras"* - 2:2.

- o Esta frase aparece en cada una de las siete cartas (*2:9; 2:13, 3:1, 3:8, 3:15*).
  - o Dios conoce la verdadera condición del corazón y las iglesias.
- Los cristianos de Éfeso habían trabajado duro. Sin embargo, descuidaron el amor mutuo (*2:4*).
- Cristo llama al arrepentimiento (*2:5*).
- *"Los nicolaítas"* - un grupo dentro de la iglesia que siguió la falsa enseñanza (*2:6*). La iglesia en Éfeso se apartó debidamente de esta falsa enseñanza. El Nuevo Testamento no registra lo que era esta falsa enseñanza.
- *"Al que venciere"* - El desafío de continuar obedeciendo aparece en cada una de las siete cartas (Ver *2:11, 17, 26, 3:5, 12, 21*). Jesús llama a los creyentes a vivir vidas obedientes, incluso cuando se enfrentan a problemas.

Al final de cada carta a las siete iglesias, leemos: *"El que tiene oído, oiga lo que el Espíritu dice a las iglesias."* ¿Qué cree que significa esta frase?

¿Qué lección usted ve para la iglesia de hoy en estas palabras a la iglesia en Éfeso? Discutir.

Palabra clave:
Siete: Juan utiliza el número siete 52 veces en el libro de Apocalipsis. Él menciona siete bienaventuranzas, siete iglesias, siete espíritus, siete candeleros de oro, siete estrellas, siete sellos, siete cuernos, siete ojos, siete trompetas, siete truenos, siete señales, siete coronas, siete plagas, siete copas de oro, siete colinas, siete reyes y otros elementos. El número siete es un símbolo de plenitud.[3]

B. <u>La iglesia en Esmirna</u> (*2:8-11*)

- Esmirna fue una de las primeras ciudades en adorar al emperador romano.
- *"Tribulación"* - Los cristianos en Esmirna afrontaron problemas profundos y pobreza, pero espiritualmente eran ricos (*2:9-10*).
- *"Corona de la vida"* - En los eventos deportivos griegos, el ganador llevaba una corona de la victoria (*2:10*). (Ver *Stg. 1:12*). Los creyentes que permanecen fieles, disfrutarán de la vida en el reino de Dios.
- La muerte contrasta con la vida. Sólo importa la vida eterna.

¿Qué lección usted ve para la iglesia de hoy en la carta a Esmirna? Discutir.

C. <u>La iglesia en Pérgamo</u> (*2:12-17*)

- Pérgamo era el centro de adoración del emperador en Asia.
- *"Balac"* - 2:14. (Ver *Nm. 22-25*). Balac contrató a Balaam para llevar a Israel lejos de Dios.
- Algunos en Pérgamo siguieron a los falsos maestros, especialmente en la adoración de ídolos y a tomar parte en la inmoralidad sexual (Ver *Hch. 15:20*).
- *"Espada de mi boca"* - símbolo del juicio divino (*2:16*). (Ver *1:16*).

¿Qué lección usted ve para la iglesia de hoy en la carta a Pérgamo? Discutir.

D. <u>La iglesia en Tiatira</u> (*2:18-29*)
- Tiatira era un centro para muchos tipos de negocios.
- *"Jezabel"* - Una mujer en la iglesia desafió la lealtad a Dios. Ella toleró la adoración pagana de los cristianos. Esto es un abuso de la libertad cristiana (Ver *2 Co. 8:4*).
- *"Hijos"* - Esta mujer es la madre espiritual de cualquier persona que abusa de la libertad cristiana (*2:23*).
- *"Cosas profundas de Satanás"* - El gnosticismo fue una clase importante de la falsa enseñanza. Esta filosofía, dijo que los seres humanos deben experimentar el mal para derrotar a Satanás (*2:24*).[4]

¿Qué lección usted ve para la iglesia de hoy en la carta a Tiatira? Discutir.

E. <u>La iglesia en Sardis</u> (*3:1-6*)
- Sardis era una ciudad de gran riqueza y fama. Fue construida sobre una colina donde cruzaban cinco caminos.
- *"Siete espíritus"* - puede ser el Espíritu Santo (*3:1*).
- Esta iglesia era demasiada confiada. No eran vigilantes espiritualmente (*3:2-3*).
- *"Que no han manchado sus vestidos"* - Algunos cristianos en Sardis se apartaron del pecado y vivieron de manera justa (*3:4*).
- *"Libro de la Vida"* - la lista de aquellos que creen y son ciudadanos del reino de Dios (*3:5*). (Ver *Ex. 32:32-33; Ap. 13:8, 17:8, 20:12; 20:15; 21:27*).[5]

¿Qué lección usted ve para la iglesia de hoy en la carta a Sardis? Discutir.

F. <u>La iglesia en Filadelfia</u> (*3:7-13*)

- El nombre de Filadelfia significa "amor fraternal". Jesús no encuentra culpa en esta iglesia.
- Esta iglesia era pequeña, pero fiel (*3:8-10*).
- *"Sinagoga de Satanás"* - Aquellos que afirmaban ser Judíos debido a la circuncisión. Ellos no son los que tienen la verdadera fe (*3:9*). (Ver *Ro. 2:28-29*).
- *"Guardar de"* - Esta frase puede significar "guardarse de padecer" o "guardarse a través" (*3:10*).[6]
- *"Hora de la prueba"* - Este es el periodo final de pruebas en el mundo (*3:10*).
- La promesa de Cristo de venir pronto es el estímulo para seguir siendo fiel (*3:11*).

¿Qué lección usted ve para la iglesia de hoy en la carta a Filadelfia? Discutir.

G. <u>La iglesia en Laodicea</u> (*3:14-22*)

- Laodicea era uno de los centros más ricos de negocios del mundo.
- La Iglesia era rica y no vio su propia pobreza espiritual (*3:17*).
- *"Tibios"* - La iglesia no fue lo suficientemente caliente para traer curación espiritual, así como las aguas termales ayudan en la sanación física. Y no fue lo suficientemente fría como para refrescar.
- Ellos eran orgullosos de la riqueza, los negocios de ropa y los medicamentos para los ojos (*3:18*). Lo que Cristo da espiritualmente vale más que de lo que estaban orgullosos.
- *"Estoy a la puerta"* - Jesús está tratando de entrar en Su propia iglesia.

¿Qué lección usted ve para la iglesia de hoy en la carta a Laodicea? Discutir.

3. Las visiones del fin del tiempo (*4:1-22:5*)

A. <u>El salón del trono celestial</u> (*4:1-5:14*)
- El trono en el cielo (*4:1-11*).
  - *"Después de estas cosas"* - muestra un cambio a una nueva sección o a una nueva visión. Juan ahora ve el trono de Dios en el cielo (*4:1-2*).
  - *"Ven aquí"* - Algunos ven aquí el rapto, o la sustracción de la iglesia desde la tierra (*4:1*).[7]
  - *"En el Espíritu"* - alto nivel de conciencia espiritual, debido al poder del Espíritu Santo (*4: 2*).

...y he aquí un trono estaba puesto en el cielo, y sobre el trono uno sentado. Y el que estaba sentado era semejante a una piedra de jaspe y de cornalina, y alrededor del trono había un arco iris semejante al aspecto de la esmeralda (4:2b-3).
  - Juan utiliza la palabra "trono" 47 veces en Apocalipsis. Esto es mucho más que cualquier otro escritor del Nuevo Testamento. El trono es un símbolo de poder y autoridad (Ver *Sal. 47:8*).
  - *"Ancianos"* - representando a todos los creyentes, o bien, a una especie de ángeles adorando a Dios (*4:4*).
    - Algunos ven a los ancianos como la iglesia removida de la tierra y ahora adorando en el cielo. En este punto de vista, la iglesia no sufre la gran tribulación en la tierra.
    - El número 24 puede reflejar las 12 tribus de Israel en el Antiguo Testamento y los 12 apóstoles del Nuevo Testamento.[8]
  - *"Relámpagos y truenos y voces"* - símbolos del poder de Dios (*4:5*). (Ver *Ex. 19:16-19; Sal. 18:12-15; 77:18*).

- o *"Cuatro seres vivientes"* - un alto nivel de ángeles que custodian el trono (*4:6*). (Ver *Ez. 10:1-10* para una descripción similar de los querubines).
  - *"León," "becerro," "cara como de hombre," "águila volando"*- Las criaturas pueden representar a toda la creación.
  - Toda la creación participa en la redención de Dios.
  - o Los cuatro seres vivientes y los veinticuatro ancianos adoran a Dios, quien está sentado en el trono (*4:7*).
- El libro con siete sellos y el Cordero triunfante (*5:1-14*).
  - o *"Siete sellos"* - Nadie puede leer el libro hasta que alguien abra los siete sellos (*5:1*).
  - o Nadie en el cielo ni en la tierra, podía abrir los sellos (*5:2-4*).
  - o *"El León de la tribu de Judá, la raíz de David"*- títulos mesiánicos de Jesucristo (*5:5*). (Ver *Gn. 49:8-10; Is. 11:1, 10; Ro. 15:12, He. 7:14*).
  - o *"Cordero"* - Juan usa una palabra para "cordero" que ningún otro escritor del Nuevo Testamento utiliza.
    - Jesús es el sacrificio por el pecado (ver *Is. 43:7, Jn. 1:29*).
    - Jesús también es el vencedor. El cordero como un héroe militar proviene de los escritos apocalípticos.
    - El cuerno es un símbolo de poder. Siete cuernos, es un símbolo de poder absoluto.
  - o *"Cántico nuevo"* - En el Antiguo Testamento, el pueblo de Dios cantó canciones para celebrar los actos o bendiciones de Dios (*5:9*). (Ver *Sal. 33:3; 96:1; 144:9*).
  - o Este es un cuadro de adoración y alabanza que nadie más merece. Sólo Cristo merece esta alabanza de toda la creación (*5:10-14*).

Las principales imágenes de Apocalipsis: Al leer y estudiar la visión de Juan del último tiempo, escriba sus pensamientos acerca de lo que estas imágenes y símbolos significan. Fundamente sus respuestas sobre lo que lee en el libro de Apocalipsis.

Tronos y ancianos (*capítulo 4*):

El libro (*capítulo 5*):

Sellos, trompetas, copas (*capítulos 6-16*):

La mujer y el dragón (*Capítulo 12*):

Las bestias (*capítulo 13*):

La mujer escarlata (*capítulo 17*):

La novia de Cristo (*capítulo 19*):

    B. <u>El Cordero abre los siete sellos</u> (*6:1-8:1*)
- Los primeros seis sellos de preparan para el día de la ira de Dios (*6:1-17*).
  - **Sello 1:** el caballo blanco – el blanco es un símbolo de victoria militar (*6:1-2*). (Ver *Zac. 1:8-17; 6:1-8*).
    - Algunos toman esto como una imagen de Cristo.
    - Lo más probable es que simbolice victoria.[9]
  - **Sello 2:** el caballo rojo - Este caballo es un símbolo de derramamiento de sangre (*6:3-4*).
    - La conquista viene de afuera.
    - Este derramamiento de sangre viene desde el interior - los hombres asesinando unos a otros.
  - **Sello 3:** el caballo negro - Este caballo es un símbolo de la hambruna (*6:5-6*).
    - Las balanzas muestran que la comida cuesta una gran cantidad de dinero.
    - Un denario era el salario de un día. Esto sólo compró comida suficiente para una persona.
  - **Sello 4:** el caballo amarillo - Este caballo es un símbolo de la muerte. Muerte es el resultado de la conquista militar, del derramamiento de sangre, y del hambre (*6:7-8*).

- o **Sello 5:** las almas bajo el altar - Este es un símbolo de los mártires que murieron por su fe en Dios (*6:9-11*).
  - En el Antiguo Testamento, la sangre se derramó en la parte inferior del altar (Ver *Ex. 19:12*).
  - *"Vestidura blanca"* - un símbolo de la superación de pruebas (Ver *3:5*).
- o **Sello 6:** el gran terremoto - Este es un símbolo de la destrucción de la tierra (*6:12-17*).
  - Los escritores proféticos y apocalípticos, a menudo describen el fin de la tierra como desastres cósmicos (Ver *Is. 2:19; Hageo 2:6; Joel 2:31; Mr. 13:25-26*).
  - Estos eventos infunden miedo en los corazones de los seres humanos.
  - El día de la ira está viniendo muy pronto (Ver *Sofonías 1:14-18; Nah. 1:6; Mal. 3:2*).
- Interludio: grandes multitudes de vestiduras blancas (*7:1-17*).
  - o Los 144.000 sellados - *7:1-8*.
    - *"Cuatro ángeles" "cuatro puntos cardinales" "cuatro vientos"* -Este es un cuadro de cómo Dios está frenando la destrucción que vendrá en el juicio (*7:1*).
    - *"Sello"* - Antes de que el juicio comience, Dios pone una señal de propiedad sobre Sus siervos. Dios protegerá a Su pueblo en el juicio *(7:2)*.
    - 144.000 - Algunos toman esto como un número real de las tribus judías. En este punto de vista, Dios protegerá a Israel.[10] Otros creen que el número es un símbolo de los creyentes que viven durante la gran tribulación.[11]
  - o La gran multitud - *7:9-17*.
    - Las personas que han pasado por la gran tribulación (*7:9 y 7:14*).
    - *"De todas las naciones..."* - esto puede representar a las personas salvadas durante la tribulación, debido al ministerio de los 144.000, o pueden ser mártires.

- *"Blanco"* - un símbolo de justicia. Algunos ven esto como una señal de los mártires que se libraron de la tribulación por la muerte.[12] (*7:9, 7:14*).
- La escena de adoración en el trono de Dios se hace más intensa.

Por esto están delante del trono de Dios y le rinden culto de día y de noche en su templo. El que está sentado en el trono extenderá su tienda sobre ellos. No tendrán más hambre, ni tendrán más sed, ni caerá sobre ellos el sol ni ningún otro calor; porque el Cordero que está en medio del trono los pastoreará y los guiará a fuentes de agua viva, y Dios enjugará toda lágrima de los ojos de ellos (7:15-17)

- **Sello 7:** silencio en el cielo (*8:1*).
  - El sello final sobre el libro (*5:1*) finalmente se abre.
  - *"Silencio en el cielo"* - una pausa dramática antes de los juicios que vienen en las siete trompetas.

Palabra clave:

Tribulación: Este es un tiempo de intenso sufrimiento o persecución. En el libro de Apocalipsis, leemos acerca de la "gran tribulación." Este es un momento de rebelión en todo el mundo en contra de Dios y de extenso sufrimiento. La gran tribulación cumple las profecías de *Daniel 7.12*. Será un tiempo de falsos cristos y falsos profetas. La gran tribulación es parte del plan de Dios para redimir al mundo y crear un cielo nuevo y una tierra nueva.

- C. <u>Siete trompetas anuncian juicio</u> (*8:2-11:19*)
  - Un ángel arroja fuego del altar a la tierra para comenzar los juicios (*8:2-5*).
    - *"Trompetas"* - En el Antiguo Testamento, un cuerno anunciaba eventos importantes o el tiempo de la batalla (*8:2*). (Ver *Números 10:7-9; 1 Reyes 1:34-39; Lv. 25:9*).
    - *"Las oraciones de los santos"* - Las oraciones de los creyentes tienen una parte en el juicio de Dios. El fuego

de esta ofrenda celestial comienza la serie de juicios (*8:3-5*). (Ver *4:5*).

- Las primeras seis trompetas: destrucción y aflicción cada vez mayor (*8:6-9:21*).
  - o Algunos creen que los juicios de las trompetas salen del séptimo sello. Más tarde, las siete copas salen de la séptima trompeta. Otros creen que los siete sellos, las siete trompetas y las siete copas, describen el mismo período de tiempo, pero cada vez más intenso.
  - o **Trompeta 1:** granizo y fuego mezclados con sangre (*8:6-7*).
    - *"Granizo y fuego... mezclados con sangre..."* - las mismas imágenes como la séptima plaga de Egipto (ver *Éx. 9:13-15*).
    - *"Un tercio de..."* - la destrucción no fue completa. Este tema se repite a lo largo de los juicios de las trompetas.
  - o **Trompeta 2:** monte arrojado al mar (*8:8-9*).
    - La primera trompeta es un cuadro de la destrucción de la tierra.
    - La segunda trompeta es una imagen de la destrucción del mar (ver *Ex. 7:20-21*).
  - o **Trompeta 3:** la estrella Ajenjo (*8:10-11*).
    - *"Ajenjo"* - una planta con un fuerte sabor amargo.
    - Las aguas se vuelven amargas. Ver *Ex. 15:25* una historia donde las aguas amargas se volvieron dulce.
  - o **Trompeta 4:** una tercera parte del sol, la luna y las estrellas heridas (*8:12-13*).
    - Ver *Ex. 10:21-23*. La oscuridad cubrió la tierra.
    - *"Ay, ay, ay"* - se refiere al impacto de los tres juicios de las últimas tres trompetas.
  - o **Trompeta 5:** la plaga de langostas (*9:1-12*).
    - *"Estrella"* - La estrella en *8:10* era parte del cuadro de destrucción. Esta estrella es una persona o un ser (*9:1*).

- *"Pozo del abismo"* - un lugar donde viven los espíritus, pero la llave muestra que está bajo el control de Dios (*9:2*).
- *"Langostas"*- Ver *Ex.10:1-20.* También, *Joel 1:2-2:11.*
- Su trabajo es torturar a los seres humanos.
- *"Que no tienen el sello"* - Dios protege a los 144.000 que Él selló (*9:4*). (Ver *7:2-4*).
- *"Cinco meses"* - la vida de una langosta (*9:5-6*).
- *"Abadón," "Apolión"* - Este nombre significa "destrucción" (*9:11*).

○ **Trompeta 6:** la liberación de los cuatro ángeles (*9:13-21*).

- *"Voz"* - Esta voz de autoridad pertenece al Cordero (*9:13*). (Ver *5:9*).
- *"Gran río Éufrates"* - *9:14*. Este es el límite oriental de la tierra que Dios prometió a Abraham (*Gn. 15:18*). Además, los enemigos de Israel se levantaron de esta región (ver *Is. 8:5-8*).
- *9:15-19* - jinetes demoníacos matan un tercio de los seres humanos. Algunos creen que esto es un número literal. Otros creen que significa la destrucción extensa, pero la destrucción no es total.
- *"No se arrepintieron"* - Incluso con este nivel de destrucción, algunos rehúsan volver a Jesús (*9:20-21*). (Ver *Ex. 7:22; 9:7*, donde el Faraón se negó a arrepentirse después de las plagas). El sufrimiento durante la tribulación da la oportunidad de creer y arrepentirse (Ver *Amós 4:6-11*).

¿Cuál es la similitud entre los siete sellos y las siete trompetas? Discutir.

- Interludio: el libro pequeño y los dos testigos (*10:1-11:14*).
  - o El ángel le dice a Juan que coma un librito (*10:1-11*).

Vi a otro ángel poderoso que descendía del cielo envuelto en una nube, y el arco iris estaba sobre su cabeza. Su rostro era como el sol, y sus piernas a como columnas de fuego (10:1).

- Este ángel podría ser el mismo ángel mencionado en *5:2 y 18:1*. Su tamaño es un símbolo del poder de Dios.
- *"Libro pequeño"* - Este no es el libro mencionado en *5:2*, que se abrió en los capítulos *6-8*.
- *"Siete truenos"* - anunciando el juicio venidero de Dios (*10:4*). (Ver *8:5; 11:19; 16:18*).
- *"Sella"* - La voz del cielo dijo que no es el tiempo para revelar lo que dijeron los siete truenos (*10:4*). (Ver *Dn. 8:26*, donde las profecías son selladas hasta los últimos tiempos).
- *"Misterio de Dios"* - Dios ha revelado algunas partes del misterio en la Biblia, pero esperamos el fin del tiempo para ver cómo Dios gana la victoria. El ángel dice que esta vez viene pronto (*10:7*).
- Juan come el libro. Las palabras de juicio hacen amargo su estómago (*10:9-11*).
  - o Dios le da poder a los dos testigos (*11:1-14*).
    - *"Mide"* - En su visión, Juan mide el templo terrenal que será destruido (*11:1*). (Ver *Ez. 40:3-4; Dn. 9:27; Lc. 21:24; 2 Ts. 2:4.*). La medición es para su protección.
    - *"Cuarenta y dos meses"* - lo mismo que 1.260 días y "un tiempo y tiempos y medio tiempo" en *12:14*, o tres años y medio (*11:3*). (Ver *Dn. 12:6-7, 11-12*). El mal dominará durante tres años y medio antes de los últimos días del Anticristo.

- Dos testigos predicaran con poder de Dios (*11:5-6*). Ellos son similares a Elías (Ver *1 R. 17, Mal. 4:5*) y a Moisés (Ver *Éx. 11.7*).
  - Al final del ministerio de los testigos, viene la bestia (*11:7*). Esta es la primera vez que Juan menciona al gran enemigo de Dios en los tiempos finales.
  - Los testigos yacen muertos en la calle por tres días y medio. Esta es una gran humillación. Entonces Dios los levanta y los lleva al cielo. En Apocalipsis la "gran ciudad" a menudo se refiere a Roma, pero también puede ser a Jerusalén ("donde fue crucificado nuestro Señor"). La gran ciudad también puede ser un símbolo del mundo opuesto a Dios.[13]
  - *"El segundos ay"* – la trompeta 6 y el interludio llega a su fin (*11:14*).
- **Trompeta 7:** fuertes voces en el cielo (*11:15-19*).
  - La trompeta anuncia el reino de Dios (*11:15*).
  - La respuesta en los cielos es adoración. Esta canción de adoración alaba a Dios por Su juicio y recompensas (*11:16-18*).
  - *"Abierto en el cielo"* - Este es el templo en el cielo (*3:12; 7:15; 15:5-8*) no el templo en la tierra (*11:1*).
    - *"El arca de su pacto"* - El arca del Antiguo Testamento que era un símbolo de la presencia de Dios con Su pueblo.
    - Dios abre Su reino a Su pueblo (*11:19*). (Ver *He. 9:1, 4, 11, 23-28*).

D. <u>Señales antes del juicio final</u> (*12:1-14:20*)
  - La madre del futuro Gobernante y el dragón (*12:1-17*).
    - *"Señal"* - una persona o evento que apunta a un gran significado (*12:1*). Apocalipsis tiene señales divinas (*12:3; 15:1*) y señales demoníacas (*13:13-14; 16:14; 19:20*).[14]
    - *"Mujer vestida del sol"* - Algunos creen que esto es Israel (*Gn. 37:9-11*). Otros creen que son los Judíos que

creen en Jesús como el Mesías (Ver *Ap. 12:17*). Algunos creen que es la iglesia (*12:1*).

- El Antiguo Testamento utiliza la imagen de una mujer con dolores de parto (Ver *Is. 26:16; 66:7-8; Mi. 4:10; Mi. 5:3*).

o *"Dragón"*- Juan identifica al dragón como Satanás (*12:4, 12:9*).

o *"Hijo varón"* - el Mesías (12:5). (Ver *Sal. 2:8-9*).

o *"Hijo arrebatado", "desierto."* (*12:5-6*).

- Dios salva al hijo quien llevará a cabo Su plan de salvación. Su poder es mayor que el poder de Satanás. Esto puede representar la ascensión de Cristo al cielo en *Hch. 1:9*.

- El desierto es un lugar de protección (*12:6*). (Ver *Os. 2:14*).

- *"1.260 días"* - igual al tiempo de la persecución (*12:6*). (Ver *11:1*).

o *"Guerra en el cielo"* - Miguel, el arcángel derrota a Satanás (*12:7-9*).

- Miguel arroja a Satanás del cielo a la tierra. La tierra llega a ser el lugar donde el diablo trabaja (Ver *Dn. 10:13; 12:1; Judas 9*).

- Este es un cuadro de la victoria final de Dios sobre Satanás.

o *"Gran voz"* - anuncia la victoria (*12:10-11*).

o *"Persiguió a la mujer"* - El dragón está furioso. Él quiere al niño, quien es el Mesías de Dios (*12:13-17*).

- *"Alas de un gran águila"* — otro cuadro de la protección de Dios (Ver *Éx. 19:4; Dt. 32:11-12*).

- *"Un tiempo, tiempos y la mitad de un tiempo"* - la misma cantidad de tiempo que los dos testigos predicaron (*11:3*) y la autoridad de la bestia (*13:5*). (Ver también *Dn. 7:25; 12:7*).

- *"Agua... como un río"* - La tierra se abrió y salvó a la mujer (*12:15*). (Ver *Nm. 16:30-33* una historia de la tierra abierta).

- *"Guardan los mandamientos"* - Satanás ahora dirige su furia hacia los creyentes (*12:17*).
  - o La verdad primaria de este capítulo es porque Dios venció a Satanás, él saca su rabia sobre los seres humanos. Busca hacer daño a los verdaderos creyentes durante este tiempo y desde la caída.

¿Cómo cree que estos cuadros de la victoria de Dios sobre Satanás motivaron a los primeros lectores de Juan?

¿Cómo pueden ahora motivar a los creyentes los cuadros de la victoria de Dios?

- Las bestias del mar y de la tierra (*13:1-18*).
  - o *"La bestia subía del mar"* - *13:1-10.* Esta imagen proviene de *Daniel 7*, donde cuatro bestias salen del mar.
    - Las siete cabezas y los diez cuernos conectan a la bestia de Satanás (*13:1*). (Ver *12:3*). La bestia recibe su poder de Satanás.
    - Las descripciones del leopardo, oso y león conectan a la bestia de las bestias de *Dn. 7:4-6.*
    - *"Herida mortal"*- Esta herida se cura, una señal del poder de la bestia. Este poder convence a las personas para que le sigan (*13:3-4*).
    - *"Blasfemias"* - los seres humanos reclamando lealtad y adoración sobre Dios.
    - La bestia tiene poder durante tres años y medio.
  - o *"La bestia que sube de la tierra"* - *13:11-18.*
    - Algunos creen que la primera bestia representa el poder civil y la segunda bestia las religiones. Otros ven a la segunda bestia como al falso profeta en persona (*16:13, 19:20, 20:10*).[15]
    - *"Dos cuernos como de un cordero"* – él trata de parecer amable (*13:11*).

- La trinidad del mal es el dragón, la primera bestia y la segunda bestia, o Satanás, el Anticristo y el falso profeta. Que se unen para trabajar en contra de Dios, Padre, Hijo y Espíritu Santo (*13:12*).
- El poder de la bestia de la tierra engaña a los seres humanos en la falsa adoración (*13:14-15*).
- Esta bestia marca a los seres humanos que deben seguirle
- *"666"* - El número 7 es el símbolo de plenitud. El número 6 es poco menos de 7. Es el símbolo del hombre más poderoso, quien no es Dios.[16]

Palabra clave:

Anticristo: A menudo conectamos esta palabra al libro de Apocalipsis. Sólo Juan utiliza esta palabra en el Nuevo Testamento, pero él no lo utiliza en Apocalipsis. Más bien, él la utiliza para advertir a los creyentes en sus cartas de 1 y 2 Juan (*1 Jn. 2:18; 2:22, 4:3, 2 Jn. 7*). Juan advierte de muchos falsos profetas que se oponen a Jesús, y dice que el supremo Anticristo vendrá en el futuro. El Anticristo engaña a los humanos y trabaja en contra de Dios a nivel mundial. Aunque Juan no usa la palabra en Apocalipsis, sus descripciones en el *capítulo 13* se ajustan a lo que él dice de la "bestia" en sus cartas cuando escribe sobre el engaño y la rebelión.

- El Cordero y los 144.000 (*14:1-5*).
  - o *"Y miré"* - la escena cambia de la bestia hacia el Cordero (*14:1*).
  - o *"El monte de Sión"* - En el Antiguo Testamento, el Monte de Sión significaba la ciudad de Jerusalén. Aquí significa la Jerusalén celestial que viene a la tierra nueva, en *21:2-3*.
  - o Los 144.000 tienen el nombre de Dios en vez de la marca de la bestia (*14:1*). (Ver *7:2-4*).
    - Esto parece ser del mismo grupo que en el *capítulo 7*, pero en un punto posterior en el tiempo.

- Estas personas experimentan la tribulación. Muchos gentiles y Judíos recurrirán a Cristo en el tiempo final.[17]
  - *"Voz del cielo"* - *14:2*. (Ver *1:15; 6:1*).
  - *"Himno nuevo"* - *14:3*. (Ver *5:9*). El tema de este himno es la liberación de Dios de aquellos que Él redimió.
    - Sólo aquellos son fieles a Dios, y no a la bestia, ellos cantan este himno (*13:3-4*).
    - *"Vírgenes"*- aquellos que son espiritualmente fieles (*14:4*).
  - *"Primicias"* puede significar que más personas vendrán a creer en Jesús (*14:4*).

¿Qué cree que significa que Juan se mantiene escuchando una voz o sonidos del cielo? Ver *1:15; 5:9; 6:1; 14:1; 14:15; 19:6*.

- Se predica las Buenas Nuevas (*14:6-20*).
  - Un ángel llama a las personas al arrepentimiento. Todavía hay tiempo antes del juicio final (*14:6-7*).
  - Un segundo ángel anuncia que Babilonia ha caído (*14:8*).
    - Esta es la primera vez que Juan menciona a Babilonia (Ver *16:19, 17:5; 18:2, 10, 21*). Esto llega a ser el enfoque del juicio de Dios.
    - Algunos creen que "Babilonia" se refiere a Roma, la principal potencia mundial en el primer siglo que se opuso a Dios. Otros creen que Babilonia es un símbolo para los líderes mundiales bajo el gobierno del Anticristo.[18] (Ver *17:1-18:24* para una descripción de la caída de Babilonia).
  - Un tercer ángel anuncia que cualquiera que adore a la bestia se enfrentará a toda la fuerza de la ira de Dios (*14:9-11*). (Ver *6:17; 11:18*).
    - *"Fuego y azufre"* - *14:11*. Ver *Sal. 11:6* para el destino de los malvados.

- Juan usa esta expresión en varias ocasiones (Ver *19:20; 20:10; 21:8*).
  - o *"La perseverancia de los santos"* - persistencia en guardar los mandamientos de Dios (*14:12*).
  - o *"Bienaventurado"* - Esta es la segunda bendición, o bienaventuranza, de siete en Apocalipsis (*14:13*). (Ver *1:3*).
  - o La imagen de la cosecha de la tierra es un cuadro del juicio final (*14:14-16*). (Ver *Ap. 19-20* para una descripción).
    - *"Uno como el Hijo del hombre"* - el segador es Jesucristo (*14:14*).
    - Cristo juzgará a la humanidad. Una hoz era la herramienta para la cosecha de granos (*14:15-16*).
    - La historia humana se está moviendo hacia el día cuando Cristo juzgará.
  - o Las uvas de la ira (*14:17-20*).
    - *"Que tiene poder sobre el fuego"* - el fuego a menudo es un símbolo de juicio (14:18). (Ver *Lm. 1:13; Mt. 18:8; Lc. 9:54;.. 2 Ts.1:7*).
    - *"Lagar"* - *14:19-20*. Este es un canal donde los trabajadores pisoteaban las uvas con los pies. Esto causaba que el jugo fluya. Pisotear la uva es una imagen del Antiguo Testamento de la ira de Dios (Ver *Is. 63:3; Lm. 1:15; Jl. 3:13*).
    - 1.600 estadios es de casi 200 kilómetros. Dios aplasta el mal por completo.

E. <u>Las siete copas de la ira de Dios</u> (*15:1-19:5*)
  - Los siete ángeles con las copas (*15:1-8*).
    - o *"La ira de Dios es consumada"* - Después que los ángeles derraman las siete copas de la ira de Dios, Jesús viene inmediatamente (*15:1*). (Ver *19:6-21*).
    - o *"Mar de vidrio"* - delante del trono de Dios (*15:2*). (Ver *4:6*). Mezclado con fuego significa que el tiempo del juicio ha llegado.

o *"Cántico de Moisés"* - Israel celebró la liberación de Egipto con un cántico (*15:3*). (Ver *Ex. 15:1-18*). Los Judíos cantaban este cántico en la adoración del Sabbat, los primeros cristianos la cantaron en la Pascua. Ésta, al igual que "el cántico del Cordero", muestra la liberación de los creyentes por medio de Jesucristo.

"Grandes y maravillosas son tus obras, Señor Dios Todopoderoso. Justos y verdaderos son tus caminos, Rey de las naciones. Oh Señor, ¿quién no temerá y glorificará tu nombre? Porque sólo tú eres santo. Todas las naciones vendrán y adorarán delante de ti; porque tus juicios han sido manifestados." (*15:3-4*).

o *"El tabernáculo del testimonio"* - Esta frase recuerda la Ley dada a Moisés y la manera en que Dios habitaba con Su pueblo (*15:5*). (Ver *Ex. 31:18; 32:15*).
o Siete ángeles, vestidos como sacerdotes, vienen desde el templo listos para derramar el juicio final (*15:6-8*).

- Las primeras seis copas: la justa ira de Dios (*16:1-16*).
  o **Copa 1:** llaga dolorosa y maligna (*16:1-2*). Esta plaga cae directamente sobre aquellos que adoran a la bestia.
  o **Copa 2:** el mar se convierte en sangre (*16:3*). (Ver *8:8*). Todo lo hay en el mar muere (ver *Ex. 7:17-21*). En las plagas de las trompetas, sólo un tercio del mar se convirtió en sangre. En las copas, el juicio es definitivo y completo.
  o **Copa 3:** los ríos y manantiales de agua se convierten en sangre (*16:4-7*). Al igual que la tercera trompeta, esta plaga convierte de sangre a los ríos y manantiales (ver *8:10-11*).
    - El "altar" habla (*16:7*).
    - Así como los santos oraron bajo el altar *6:9-10*, ellos ahora afirman que el juicio de Dios es correcto.
  o **Copa 4:** el sol quema a las personas (*16:8-9*). Dios anula la naturaleza con un calor abrasador. Aún así, aquellos que quedan en el mundo rechazan a Dios (Ver *8:12*).

- o **Copa 5:** oscuridad (*16:10-11*).
  - ▪ El ángel vierte esta plaga en el centro del poder de la bestia. Sin embargo, los seguidores de la bestia se niegan a arrepentirse.
  - ▪ Esta es la única vez en el libro de Apocalipsis que "trono" no se refiere al trono de Dios.[19]
- o **Copa 6:** el Río Éufrates se seca (*16:12-16*). Esta copa no derrama una plaga sobre los seres humanos. El secar el río elimina todo lo que detiene a *"los reyes del oriente"*. Nada detendrá la batalla final entre Dios y Satanás.
  - ▪ *"Las ranas"* - un animal impuro (*16:13*). (Ver *Lv. 11:10*).
  - ▪ *"Batalla"* - Armagedón (*16:14*). (Ver *16:16; 19:17-21*).
  - ▪ *"Bienaventurado"* - la tercera bendición, o bienaventuranza en Apocalipsis. Jesús promete bendición para aquellos que están espiritualmente vigilantes (*16:15*).
  - ▪ *"Armagedón"* - un famoso campo de batalla en la historia de Israel. Algunos creen que Juan quiere mencionar un lugar físico. Otros creen que esto es un símbolo de la batalla final entre Dios y Satanás.[20] Esto parece referirse al campo de batalla en Israel, una vez fue mencionado por el general francés Napoleón como el mejor campo de batalla en el mundo.

¿Qué similitud hay entre las siete copas, los siete sellos y las siete trompetas? Discutir.

- • **La séptima copa:** juicio sobre Babilonia (*16:17-21*).
  - o *"Por el aire"* - se cree que los demonios viven en el aire. El poder de Dios ahora ataca a los demonios en su propio territorio (*17:17*).[21]
  - o *"Gran voz"* - Dios anuncia la acción final. El juicio contra Babilonia está terminado (*16:17*).

- o *"Babilonia"* - Algunos creen que esto es Roma. También podría ser un símbolo de la civilización humana que se rebela contra Dios (*16:19*). (Ver *11:8*).
  - ■ *"Dividido en tres partes"*- Esto significa la ruina total.
  - ■ *"El furor de su ira"* - Dios tiene nada de nuevo en este punto.
- La mujer escarlata y la bestia (*17:1-18*).
  - o Juan ve a una mujer borracha sentada sobre la bestia (*17:1-6*).
    - ■ *"Fornicación"* - En la Biblia, esto a menudo es un símbolo de idolatría y rebelión contra Dios (*17:1-2*). (Ver *Nah. 3:4* y el libro de *Oseas* por ejemplo).
    - ■ *"Bestia escarlata"* - La descripción muestra que esta es la misma bestia que subió del mar (*17:3*). (Ver *13:1, 5, 6*).

      ... Y vi una mujer sentada sobre una bestia escarlata llena de nombres de blasfemia y que tenía siete cabezas y diez cuernos (17:3).

    - ■ *"Vestida de púrpura y escarlata..."* - La mujer está vestida como una reina. Nosotros esperaríamos algo bueno de una copa de oro, pero la copa contiene suciedad (*17:4*).
    - ■ *"Embriagada con la sangre de los santos"* - La mujer disfrutaba matando a los creyentes (*17:6*).
  - o El ángel le explica la visión (*17:7-14*).
    - ■ *"Era, y no es, y ha de subir"* - *17:8*. Esto trae a la mente la descripción del Cordero (*1:18; 2:8*). La bestia imita el poder de Cristo, pero está condenada. El triunfo de Dios ya está seguro.

      La bestia que has visto era, y no es, y ha de subir del abismo, y va a la perdición (17:8).

    - ■ *"Siete montes"* - Esto puede referirse a las tradicionales siete colinas de Roma, y "Babilonia" es un símbolo de una serie de emperadores romanos. O bien, los montes pueden ser símbolos de los imperios terrenales. En el tiempo de Juan, las personas pensarían de Roma como el sexto imperio mundial principal.[22]

- *"También es el octavo, y procede de los siete"* - *17:11*. La bestia, el Anticristo, jugarán el papel de un rey. Él también es independiente porque es parte de la gran lucha entre Dios y Satanás.
- *"Diez reyes"* – los reyes de la tierra serán leales a la bestia. Diez puede ser un número simbólico que significa muchos.[23] Las fuerzas del mal se unen. Los reyes luchan al lado de la bestia en la batalla contra el Cordero, que es Cristo (*17:12-13*). (Ver *3:7; 19:19-21*).

o La mujer es castigada (*17:15-18*).

- *"Aborrecerán a la ramera"* - La lealtad de la bestia se invierte.
- La bestia y los reyes destruirán a la mujer.
- Dios usa a la bestia para juzgar a la mujer, Babilonia.

- Babilonia la grande cae (*18:1-19:5*).

o Un ángel con gran autoridad anuncia que Babilonia ha caído. Dios triunfa (*18:1-3*).

o *"Salid de ella"* - Esta es una frase común en los escritos proféticos. Dios llama a su pueblo a estar separado (*18:4-5*). (Ver *Is. 52:11; Jer 51:45; 2 Co.6:17*).

o El juicio contra de Babilonia es seguro (*18:6-8*).

- Si interpretamos Babilonia como el Imperio Romano o el mundo en oposición a Dios, ella será castigada.
- Babilonia se jactó y se glorificó a sí misma. Ahora se enfrenta a las consecuencias de su pecado.

o Tres grupos llevaron luto por la mujer de Babilonia y el mal que representaba. Esta sección está en el estilo de un lamento antiguo, tal como el lamento de Ezequiel sobre la destrucción de Tiro (*18:9-19*). (Ver *Ez. 27*).

- *"Los reyes de la tierra"* - Ellos están muy lejos del terror (*18:9-10*).

- ▪ *"Los comerciantes de la tierra"* - Ellos tienen un motivo egoísta, porque perderán dinero. Ellos también están muy lejos del terror (*18:11-17a*).
  - ▪ *"Todo timonel"* - Las personas que se ganan la vida enviando bienes alrededor del mundo (*18:17b-19*).
- o La gran voz llama al pueblo de Dios a regocijarse por la destrucción de Babilonia (*18:20*). (Ver *19:1-5*).
- o Un ángel arroja una gran piedra de molino en el mar como una ilustración de la caída de Babilonia (*18:21*).
  - ▪ Esta piedra pesaba miles de libras.
  - ▪ La destrucción es completa (*18:22-24*).

Nunca más será oído en ti el tañido de arpistas, de músicos, de flautistas o de trompetistas. Nunca más se hallará en ti ningún artesano de cualquier oficio. Y el ruido de los molinos nunca más se oirá en ti. La luz de la antorcha nunca más alumbrará en ti. Y la voz del novio y de la novia nunca más se oirá en ti (18:22-23).

- o Una gran multitud en el cielo, da gracias por la destrucción de Babilonia (*19:1-5*). (Ver *7:9*).
  - ▪ *"Aleluya"* - la palabra hebrea para "alabar al Señor". Esta aparece en el Nuevo Testamento sólo en *Apocalipsis 19:1, 3, 4, 6.*
  - ▪ *"Veinticuatro ancianos y los cuatro seres vivientes"* alaban a Dios por destruir el poder de Satanás (Ver *4:2-11; 5:8-14; 11:16; 14:3*).

F. <u>El Rey de Reyes viene otra vez a reinar</u> (*19:6-20:15*)
- • La alabanza por las bodas del Cordero (*19:6-10*).

Oí como la voz de una gran multitud, como el ruido de muchas aguas y como el sonido de fuertes truenos, diciendo: "¡Aleluya! Porque reina el Señor nuestro Dios Todopoderoso. Gocémonos, alegrémonos y démosle gloria, porque han llegado las bodas del Cordero, y su novia se ha preparado. Y a ella se le ha concedido que se vista de lino fino, resplandeciente y limpio." Porque el lino fino es los actos justos de los santos (19:6-8).

- o La imagen de una boda muestra la estrecha relación entre Dios y Su pueblo (ver *Os. 2:19-20; Ef. 5:23, 32*).
  - La novia se preparaba para la boda con tratamientos especiales para su piel y cabello.[24]
  - *"Lino fino"* – la ropa pura de la novia contrasta con la ropa de la prostituta en *17:4* y *18:16*.
- o *"Bienaventurado"* - *La cuarta bienaventuranza* (*19:9*).
- o *"La cena de las bodas"*- fiesta alegre por aquellos que son fieles a Cristo.
- o Juan responde a la visión con adoración. El ángel le dice que adore sólo a Dios (*19:10*).

Compare la imagen alegre de la cena de las bodas del Cordero (*19:9*) con el tenebroso cuadro del banquete de Dios (*19:17*). ¿Qué significa cada uno para el creyente? Discutir.

- Juan ve a Cristo sobre un caballo blanco viniendo a derrotar a Satanás (*19:11-21*).
  - o El blanco es un color de victoria (Este probablemente no es el mismo caballo blanco de *6:2*). (Ver *19:11*).
  - o Cristo es *"fiel y verdadero."* El juicio justo refleja un Dios justo (*19:11*).
  - o La descripción aquí de Cristo es similar a la descripción en *1:14*. *"Muchas diademas"* significa que Cristo es un rey más poderoso que Satanás o la bestia.[25]
  - o *"Vestidura teñida en sangre"* - Esto puede significar la sangre de Cristo en la cruz o la sangre del enemigo en el gran conflicto entre el Cordero y la bestia (*19:13*). (Ver *14:14-20; Is. 63:1-3*).
  - o *"Los ejércitos en el cielo"* - Se visten de blanco, porque participan en la victoria de Cristo. Estos pueden ser ángeles o los creyentes (*19:14*). (Ver *14:19-20; Dt. 33:2; Sal. 68:17*).

- o *"Espada aguda"*- la única arma de Cristo es la espada que se menciona en *1:16*.
- o *"Rey de reyes"* - Cristo, el cordero es ahora el Rey supremo (*19:16*). (Ver *17:14*).
- o Un ángel llama a las aves a la fiesta de la bestia y sus aliados, que pronto serán destruidos (*19:17-18*).
- o La bestia y sus ejércitos se reúnen. Inmediatamente, Cristo los vence (*19:19-21*).
  - Juan no describe una batalla, sólo la derrota final.
  - Tanto la bestia como el falso profeta (el Anticristo) sufren la derrota.
  - Cristo los lanza al *"lago de fuego que arde con azufre"* (*19:20*).
  - Cristo mata a los ejércitos de la bestia (*19:21*).
- El reino milenial de Cristo (*20:1-6*).
  - o Cristo ha acabado con la bestia y el falso profeta. Ahora, Cristo toma a Satanás mismo, el dragón (*20:2*).

Vi a un ángel que descendía del cielo y que tenía en su mano la llave del abismo y una gran cadena. El prendió al dragón, aquella serpiente antigua quien es el diablo y Satanás, y le ató por mil años. Lo arrojó al abismo y lo cerró, y lo selló sobre él para que no engañase más a las naciones, hasta que se cumpliesen los mil años. Después de esto, es necesario que sea desatado por un poco de tiempo (20:1-3).

- o *"Lo encerró... es necesario que sea desatado"* - Dios tiene un plan, incluso para Satanás. Él simplemente no escapará, sino que Dios lo dejará ir.
- o *"Mil años"* - Esta es la palabra que se convierte en "El Milenio". Muchos creen que esto es 1.000 años literales.
- o *"Tronos"* - Los creyentes reinarán con Cristo "en el milenio" (*20:4*). (Ver *Mt. 19:28, 1 Co.6:2* Ver también *Dn. 7:9-10, 22* para similitudes con *Ap.20*).
  - *"Los degollados"* - los mártires asesinados por la bestia (*13:7; 13:15*) y la multitud victoriosa (*15:2-4*).

Ellos pueden representar a todos los que dan su vida por Cristo

- *"Los demás muertos"* - Esto sugiere que no todo el mundo se levanta al inicio del milenio. Por el contrario, los creyentes muertos son resucitados. Después del milenio, todas las personas serán levantadas para afrontar el juicio (*20:5*). (Ver *Dn. 12:2; Jn. 5:29, 1 Co. 15:23; 1 Co. 15:52*).

- o *"Bienaventurado"* - la quinta bienaventuranza (*20:6*).
- o *"Segunda muerte"* - tormento eterno para los incrédulos (*20:6*). (Ver *2:11*).
- o Satanás es destruido (*20:7-10*).
- o Incluso después de que Cristo ha reinado 1.000 años, Satanás encuentra personas para engañar (*20:7-8*).
- o *"Gog y Magog"* - nombres en la Biblia para las naciones que se rebelan contra Dios (Ver *Ez. 38:1-39.*).
- o Los ejércitos del mundo se reúnen nuevamente para la batalla (*20:9*).
- o Juan no registra una batalla, sólo la victoria por Cristo. Satanás es arrojado al lago de fuego. Aquí es donde está la bestia y el falso profeta (*20:10*). (Ver *19:20*).

- El juicio del gran trono blanco (*20:11-15*).
  - o Este es el juicio final. Todas las personas estarán de pie delante de Dios.
    - Los perdidos serán juzgados en el trono blanco.
    - Los creyentes comparecerán ante el tribunal de Cristo (el *bema*) y recibirán recompensas o pérdida de recompensas por la vida que vivieron en Cristo (*2 Co. 5:10*).

Y fueron juzgados, cada uno según sus obras (20:13b).

  - o *"Los libros fueron abiertos"* - los registros de todas las obras que las personas hicieron durante su vida (*20:12*).
  - o *"Otro libro"* - El Libro de la Vida es la lista de Dios de las personas que son salvas.

**¿Qué crees que es la relación entre estos dos tipos de libros?
Discutir.**

G. <u>El cielo nuevo y la tierra nueva y la nueva Jerusalén</u> (*21:1-22:5*)
  - El nuevo estado eterno (*21:1-8*).
    - *"Cielo nuevo y tierra nueva"* - Esto cumple las profecías del Antiguo Testamento en *Is. 65:17, Is. 66:22* y las palabras de Pedro en *2 P. 3:13*.
    - *"El tabernáculo de Dios está con los hombres"* - La nueva Jerusalén desciende y Dios habita con Su pueblo (21:3). (Ver *Jn 1:14; Ap. 7:15; Ez 37:27-28*).
    - *"El que estaba sentado en el trono"* - Dios habla. Él hace una nueva creación con una separación final entre el bien y el mal (*21:5-8*).
  - Juan ve la gloria de la nueva Jerusalén (*21:9-27*).
    - La principal característica de la nueva Jerusalén es la gloria de Dios (*21:11*).
    - *"Caña de oro"* - En *Ap. 11*, la medición es para protección. Aquí la medición es para mostrar el tamaño y la perfección de la ciudad (*21:15*).

En esta imagen del cielo, ¿qué le da más ánimo?

  - Imágenes de un eterno Edén en la nueva creación (*22:1-5*).
    - *"El agua de vida"* - Esta imagen combina con el Jardín del Edén (*Gn. 2:8-14*) y el nuevo templo que vio Ezequiel (*Ez.47:1-2*).
    - *"Árbol de la vida"* - El primer árbol estaba en el Jardín del Edén (*Gn. 3:22-24*). El árbol de Ezequiel dio frutos cada mes (*Ez. 17:12*).

- o *"Verán su rostro"* - Ningún ser humano ve el rostro de Dios antes de este tiempo (*22:4*). (Ver *1 Co. 13:12; Ex. 33:20*).

4. Conclusión (*22:6-21*)

A. <u>Jesús asegura a los creyentes que Él viene pronto</u> (*22:6-15*)
- *"Bienaventurado"* - la sexta bienaventuranza (*22: 7*) y la séptima y final bienaventuranza (*22:14-15*).
- Jesús pone en claro el propósito de la revelación. Las visiones de Juan deberían animar a las iglesias a aferrarse de la verdad (*22:16*).

B. <u>Bendición: "Ven, Señor Jesús"</u> (*22:20-21*)
- El último mensaje de Dios en la Biblia (*22:17-21*).
  - o La última invitación en la Biblia (*22:17*).
    - El Espíritu dice *"Ven"*. El Espíritu Santo llama a las personas a venir a Cristo (Ver *Jn. 16:7-11*).
    - La novia dice *"Ven"*. La novia se refiere a la verdadera iglesia (*Ef. 5:25-32*).
    - Los que oyen dicen, *"Ven"*. Todos aquellos que oyen el mensaje de Cristo deberían llamar a otros a Él. Podemos empezar esto ahora.
  - o La última advertencia de la Biblia (*22:18-19*).
    - Esta advertencia es sobre añadir a las cosas escritas en el libro de Apocalipsis (*22:18*) o quitar de las cosas escritas en este libro (*22:19*).
    - Las advertencias de Dios se aplican a toda la Biblia. Dios advierte contra tomar o añadir a Su Palabra final, al principio de la Biblia (*Dt. 4:2*) cerca de la mitad de la Biblia (*Pr. 30:6*) y aquí al final (*Ap. 22:18 - 19*).
    - Dios advierte sobre tomar o añadir de Su Palabra.
  - o La última promesa en la Biblia (*22:20a*).
    - *"Sí, vengo pronto"* - Tres veces en el último capítulo de la Biblia que Jesús promete volver pronto. En otros lugares Su venida se describe como:

- *"Está cerca"* (*Stg. 5:8*).
        - *"A las puertas"* (*Mt. 24:33*).
        - *"Aun un poco"* (*He. 10:37*).
        - *"En un momento"* (*1 Co. 15:52*).
        - *"De pronto"* (*Mr. 13:36*).
    o La última oración en la Biblia (*22:20b*).
        - Después de que Jesús prometió que vendría pronto, Juan oró, *"Amén, ven Señor Jesús."* Juan quería que Jesús venga.
        - La venida de Jesús es una esperanza reconfortante (*1 Ts. 4:16-18*) una bendita esperanza (*Tit. 2:13*) y una esperanza purificadora (*1 Jn. 3:3*).

¿Cómo se relaciona el libro de Apocalipsis a la vida del creyente común?

Si alguien le pide que le explique el libro de Apocalipsis de una manera sencilla, ¿qué le diría? Discutir.

Sugerencias para la predicación de Apocalipsis

- Aplique las lecciones de las cartas a las siete iglesias a su escenario.

- Utilice las imágenes del final de los tiempos para asegurar a los creyentes de la obra de Dios en el mundo y en sus vidas.

- Muestre cómo el mal y la injusticia no triunfarán para siempre y extraiga lecciones para el ánimo de la vida.

Conclusión

Dios tiene un plan para la historia humana. Él tiene un plan para la salvación de los seres humanos. El Antiguo Testamento está lleno de promesas de que Dios traería la salvación a todas las personas a través de los Judíos. Cuando Cristo vino como hombre, Dios en carne humana, este plan para la salvación avanzó. Un día Cristo vendrá nuevamente. Al final de los tiempos, Cristo gobernará en el reino eterno de Dios.

Los cristianos del primer siglo tuvieron muchas preguntas sobre el plan de Dios. Algunos de estos primeros creyentes fueron Judíos, pero no siempre entendieron las Escrituras del Antiguo Testamento acerca del Mesías. Otros creyentes fueron gentiles que querían entender cómo podrían conocer a Dios.

Los escritores del Nuevo Testamento, escribieron cartas a personas reales con problemas reales. Los falsos maestros estaban por todas partes. La persecución era común. El rápido crecimiento de la iglesia trajo muchos desafíos. Las relaciones cambiaron. Los líderes judíos se enojaron por esta nueva religión. El gobierno romano creció en hostilidad hacia los cristianos. Aunque los primeros lectores vivieron hace mucho tiempo, ellos eran personas reales.

Las cartas del Nuevo Testamento tenían dos propósitos. En primer lugar, dieron enseñanza correcta sobre la obra de salvación de Dios. Explicaron quien era Jesucristo y lo que significó su vida, muerte y resurrección. Su escritura extendió una teología más completa y una nueva clase de relación con Dios. Ya no estamos separados de Dios. Estamos unidos a Cristo. El Espíritu de Dios vive en nosotros.

En segundo lugar, las cartas dieron una enseñanza correcta acerca de la vida santa. La vida adquiere un nuevo significado cuando vivimos en gracia, la forma como Dios quiere que vivamos. En el Nuevo Testamento, Dios crea un nuevo pueblo – los creyentes que son Judíos y gentiles. La iglesia es el cuerpo de Cristo. La iglesia es la presencia de Cristo en el mundo. Cuando entendemos nuestra identidad, respondemos al llamado de Dios a ser un nuevo pueblo en todas nuestras relaciones. La señal del pueblo de Dios es el amor. Pablo y los otros escritores del Nuevo Testamento enfatizan que la evidencia de nuestra fe está en nuestras acciones.

Nuestra nueva relación con Dios comienza con la "justificación," cuando Dios nos declara no culpables, como resultado del sacrificio de Cristo. Luego continúa en la "santificación" cuando llegamos a ser santos en nuestras relaciones comunes y decisiones. La muerte de Cristo nos da el regalo de la vida eterna, pero nos llama a vivir con un nuevo compromiso a Su gracia y poder. Este compromiso se manifiesta en nuestra vida cotidiana. Finalmente, la muerte y resurrección de Cristo nos apuntan hacia nuestra futura "glorificación," cuando nosotros mismos seremos resucitados. Cuando Jesús vuelva, Él establecerá el Reino de Dios para la eternidad.

En el Nuevo Testamento, Dios redime a Su pueblo y al mundo. Él muestra que ha estado en control de la historia desde el principio del tiempo. Cristo no es sólo un Rey, sino el Rey de reyes. Estos son los temas de Pablo y de los otros escritores. Todos los que creen pueden experimentar la salvación de Dios, una nueva vida de santidad en el Espíritu, y la eternidad en el reino de Dios.

Nosotros hoy somos transformados por lo que hacemos con lo que tenemos; lo que seremos en la vida que está por venir!

Notas Finales

Introduction

[1] Estas fechas están basadas en información extraída de la introducción de un libro por separado de Earl

D. Radmacher, editor general, *Nelson's New Illustrated Bible Commentary* (Nashville: Thomas Nelson, 1999).

Romanos

[1] Earl D. Radmacher, General Editor, *The Nelson Study Bible New King James Version* (Nashville: Thomas Nelson Bibles, 1997) 1900.

[2] Earl D. Radmacher, General Editor, *Nelson's New Illustrated Bible Commentary* (Nashville: Thomas Nelson, 1999) 1449.

1 Corintios

[1] John F. Walvoord and Roy B. Zuck, editors, *The Bible Knowledge Commentary New Testament Edition* (Colorado Springs: Victor Books, 2004) 529.

[2] Kenneth L. Barker, general editor, *New International Study Bible* (Grand Rapids: Zondervan), 1476.

[3] *New International Study Bible*, 1795.

2 Corintios

[1] *New Illustrated Bible Commentary*, 1497.

[2] *New Illustrated Bible Commentary*, 1505.

[3] *New Illustrated Bible Commentary*, 1511.

Gálatas

[1] *New Illustrated Bible Commentary*, 1514–1515.

[2] *New Illustrated Bible Commentary*, 1514.

[3] *New Illustrated Bible Commentary*, 1520.

[4] *New Illustrated Bible Commentary*, 1522.

[5] *Bible Knowledge Commentary*, 604.

Efesios

[1] *Nelson Study Bible*, 1981–82.

[2] *New Illustrated Bible Commentary*, 1533.

[3] *Nelson Study Bible*, 1983.

[4] *New Illustrated Bible Commentary*, 1534.

[5] *Nelson Study Bible*, 1988.

[6] *New Illustrated Bible Commentary*, 1539.

[7] *Nelson Study Bible*, 1992.

[8] *Nelson Study Bible*, 1992; *New International Version Study Bible*, 1840.

Filipenses

[1] *New Illustrated Bible Commentary*, 1543–45.

[2]*Nelson Study Bible New King James Version*, 1997.
[3] *Nelson Study Bible*, 1998.
[4] *Nelson Study Bible*, 1999.
[5] *Nelson Study Bible*, 1999.
[6] *New Illustrated Bible Commentary*, 1551.
[7] *New Illustrated Bible Commentary*, 1551
[8] *Nelson Study Bible*, 2004.

Colosenses
[1] *Nelson Study Bible New King James Version*, 2008.

1 Tesalonicenses
[1] *New International Study Bible*, 1862.
[2] *New Illustrated Bible Commentary*, 1576.
[3] *New International Version Study Bible*, 1863.
[4] *Nelson Study Bible*, 2026.
[5] *New Illustrated Bible Commentary*, 1577.
[6] *New International Version Study Bible*, 1864.
[7] F. F. Bruce, 1 & 2 Thessalonians (*Word Biblical Commentary*, vol. 45; Waco Texas, Word Books, 1982) 91.
[8] Bruce, 125.
[9] *Nelson Study Bible*, 2030.

2 Tesalonicenses
[1] *New International Version Study Bible*, 1868
[2]*New International Version Study Bible*, 1969 and *Nelson Study Bible*, 2034.
[3] *New Illustrated Bible Commentary*, 1588.

Filemón
[1] *New Illustrated Bible Commentary*, 1628.
[2] *New Illustrated Bible Commentary*, 1631.

Hebreos
[1] *New Illustrated Bible Commentary*, 1640.
[2] *New International Version Study Bible*, 1896.
[3] *Nelson Study Bible*, 2080.
[4] *Nelson Study Bible*, 2081.
[5] F.F. Bruce, The Epistles to the Hebrews (*New International Commentary of the New Testament*, Grand Rapids: Eerdmans) 68.
[6] *New International Version Study Bible*, 1901.
[7] Ronald F. Youngblood, general editor, *Nelson's New Illustrated Bible Dictionary* (Nashville: Thomas Nelson, 1995) 1026–27.
[8] *New Illustrated Bible Commentary*, 1644.
[9] *New Illustrated Bible Commentary*, 1646.
[10] Colin Brown, general editor, *The New International Dictionary of New Testament Theology* (Grand Rapids: Zondervan, 1971) vol. III, 604.

[11] *New International Version Study Bible*, 1913.
[12] *New Illustrated Bible Commentary*, 2099.
[13] *New Illustrated Bible Commentary*, 2100.

Santiago
[1] *New Illustrated Bible Commentary*, 2118.
[2] *New International Bible Commentary*, 1662.
[3] *Bible Knowledge Commentary*, 822.
[4] *Bible Knowledge Commentary*, 823.

1 Pedro
[1] *New International Version Study Bible*, 1930.
[2] *Nelson Study Bible*, 2120.
[3] *Nelson Study Bible*, 2123.
[4] *New International Version Study Bible*, 1933.
[5] *Nelson Study Bible*, 2124.

2 Pedro
[1] *Bible Knowledge Commentary*, 868-869.

1 Juan
[1] *Nelson Study Bible*, 2144.

Judas
[1] *New International Version Study Bible*, 1960.
[2] *New International Version Study Bible*, 1961.

Apocalipsis
[1] *New International Version Study Bible*, 1966.
[2] *Nelson Study Bible*, 2166
[3] *New International Version Study Bible*, 1964.
[4] *New International Version Study Bible*, 1969.
[5] *New International Version Study Bible*, 1970.
[6] *New International Version Study Bible*, 1970.
[7] *New Illustrated Bible Commentary*, 1742.
[8] *New International Version Study Bible*, 1971.
[9] *New International Version Study Bible*, 1973.
[10] *Bible Knowledge Commentary*, 949.
[11] *New International Version Study Bible*, 1974.
[12] *Bible Knowledge Commentary*, 950.
[13] *New International Version Study Bible*, 1978; Nelson Study Bible, 2182.
[14] *New Illustrated Bible Commentary*, 1750.
[15] *New International Version Study Bible*, 1980; New Illustrated Bible Commentary, 1953.
[16] *New Illustrated Bible Commentary*, 1753.
[17] *Bible Knowledge Commentary*, 964.

[18] *New International Version Study Bible*, 1981

[19] *New Illustrated Bible Commentary*, 1756.

[20] *New Illustrated Bible Commentary*, 1757.

[21] Leon Morris, *The Revelation of St. John* (Grand Rapid: Eerdmans, The Tyndale Press, 1969) 200.

[22] *New Illustrated Bible Commentary*, 1759.

[23] *New International Version Study Bible*, 1985

[24] *New Illustrated Bible Commentary*, 1761

[25] *New Illustrated Bible Commentary*, 1761

www.ingramcontent.com/pod-product-compliance
Lightning Source LLC
Chambersburg PA
CBHW051953150726
47999CB00004B/1360